生育政策转变

从『降低生育率』到『生育服务支持』

任远 著

上海人民出版社

目录

前　言 /1

第一章　低生育率社会的生育和社会 /9

一、影响生育率的因素和生育率转变 /9

二、中国的生育率转变 /16

三、后人口转变时期的低生育率社会 /20

四、低生育率社会的生育影响因素 /26

第二章　生育率变动和生育政策转变 /34

一、我国生育率变动的基本趋势 /35

二、生育率下降的积极影响 /39

三、长期低生育率的不利影响 /41

四、生育政策的历史演变 /46

五、低生育率社会的生育政策 /49

第三章　生育政策的定位和定向 /52

一、“全面二孩”以后的人口低生育率 /53

二、向“全面放开、自主生育”过渡 /56

三、生育配套服务和社会支持 /59

第四章　计划生育制度的转型发展 /63

一、计划生育制度的核心特点和基本框架 /64

二、后人口转变时期的挑战与需求 /68

三、“新计划生育”的基本框架和原则 /71

四、“新计划生育”转型发展的路径 /77

第五章　生育友好的家庭政策 /82
一、作为生育制度的家庭制度 /83
二、家庭因素对生育的影响 /85
三、婚姻家庭的变化和生育 /91
四、家庭制度建设的两个面向 /94
五、与生育友好兼容的家庭政策改革 /98
第六章　加强托育托幼服务体系建设 /102
一、托育托幼服务建设的必要性 /103
二、对婴幼儿托育托幼服务的需求 /108
三、“一小”问题的人口服务 /116
第七章　低生育率和女性发展的两难 /125
一、生育率转变中的女性发展 /125
二、女性生育和女性发展的内在冲突 /127
三、生育友好和女性发展目标的共同实现 /131
四、家庭再生产和社会化大生产 /141
第八章　转向一种适应性的人口政策 /144
一、人口变动与人口政策选择 /145
二、调节性的人口政策 /146
三、适应性的人口政策 /152
四、建设生育友好型社会 /155
第九章　不想生、不敢生、不能生 /158
一、未意愿的怀孕和未满足的怀孕 /158
二、“不想生”和生育文化建设 /166
三、“不敢生”和完善生育配套服务 /171
四、“不能生”和开展生育力的保存支持 /175
五、全生命周期的生育服务支持 /178

第十章　生育政策的继续变革和调整完善 /183
一、生育政策改革历程的不同阶段 /184
二、服务和支持人们的生育 /189
三、生育政策未来改革的主要内容 /200

前　言

我国人口生育率在20世纪90年代初期下降到更替水平以下，至今一直处于低生育率的状态。在20世纪后期以来实行的以降低生育率为目标的生育政策，逐步显得和现实人口状况不相契合。生育率转变同时带动生育政策转变，我国的生育政策开始逐步调整和改革。进入21世纪第二个十年以后，我国生育政策发生了一系列改革和变化。典型的政策调整是在2013年开始实施“单独二孩”，2016年初开始实行“全面二孩”，以及2021年以后开始实施“可以三孩”的生育政策。国家的“十四五”规划和2035年远景目标中提出增强生育政策的包容性，并在近年来比较密集和广泛地实施了积极生育支持的生育政策。总体来看，近十多年来，我国生育政策似乎发生了一个U形的转变。

作为处在这个历史阶段中的人口研究学者，我自然持续地对当前我国人口生育率状况和生育政策改革进行观察思考。在最近十多年来，我也持续研究低生育率状况下人口生育意愿和生育行为的决定因素，及如何在低生育率状况下实施我国生育政策的改革和应对，以实现人口和发展相互协调的人口长期均衡目标。在此过程中，我逐步形成了我国的生育政策需要从降低生育率，逐步调整为对人们的生育提供服务和支持的看法。

本书记录了我在最近十多年来对国家生育政策改革问题的若干思考，聚焦讨论我国生育政策改革历程和未来继续改革的问题。我计划用这本著作帮助人们理解我国生育政策需要发生调整转变的背后逻辑，也以此作为我近阶段对国家生育政策开展研究的思想小结。我觉得，在生育率转变过程中所实施的以降低生育率为目的生育政策，需要过渡到低生育率社会下以满足人们生育意愿的生育服务和支持为目的的生育政策，这个变化脉络已经基本明确，在当下有条件、有必要完成这样的“政策的转变”。

本书中的一些论点已经作为学术论文发表在一些学术期刊上，成书时有所补充和更新。我希望本书对我国生育政策调整改革问题形成一个系统化的思想认识，并试图将这些看法面对公众开展传播、征求社会的交流和共识。应该认识到，当前我国生育政策的改革之路还没有彻底完成，其计划生育制度、生育和家庭政策体系、生育管理和服务监管，包括法制体系等还有很多需要构建和完善的方面，本书对推动我国生育政策发展完善也提出了一些自己的看法和建议。

第一章从理论综述的角度讨论低生育率社会下生育和社会关系，及影响生育率的基本因素。生育率转变是随着工业化和现代化发展，生育水平从高到低的变动过程，在此过程中人们更加关注如何降低“过高的生育率”，从而使生育水平更好地符合人们相对较低的期望生育；而在完成了生育率转变以后，低生育率成为社会的常态，甚至人口生育水平还在继续下降，这时，人们对生育问题和生育政策的关注都在变化。在低生育率社会下，人们更加关注造成长期低生育率的原因，及关注如何走出“低生育率陷阱”。本章提出需要在人口转变完成以后，重新思考生育和社会的关系，从而更好地应对低生育率的人口现象，使生育政策更好地满足人口群体对生育的意愿和需求。

第二章简要陈述我国生育率变动的基本状况和开展生育政策改革的必要性。基于对人口生育率变动的历史考察和未来态势的观察，文章讨论了从 20 世纪 70 年代以来生育率下降所表现出的积极影响，也讨论了在 90 年代生育水平下降到更替水平以下后，长期低生育率所日益表现出的消极影响。我国的生育水平仍然表现出继续下降的现象，在未来也将继续维持长期的低生育率，这值得人口政策改革加以重视。本章介绍了我国计划生育制度建立和相关政策调整的基本脉络，对低生育率社会下生育政策继续改革的必要性和内在逻辑开展讨论，提出我国未来的生育政策应该实现“全面放开、自主生育”，以及转向更加以人为本的、满足人们生育意愿和需求的生育政策。

第三章讨论我国生育政策调整改革的定位和定向。2013 年我国实施“单独二孩”生育政策，2016 年我国实施“全面二孩”生育政策，2021 年开始实施“可以三孩”的政策及生育配套支持政策。“全面二孩”政策的实施，意味着我国的计划生育政策进入了一个新时期，第一是“转变方向”，客观上从控制生育为导向的生育政策转向某种意义上的鼓励生育；第二是“转变体制”，进一步放松对生育数量的行政调控和数量管控的生育管理，逐步向“全面放开、自主生育”的生育制度转型过渡；第三是“转变内容”，计划生育管理和服务工作需要从管理到服务，从以对家庭生育行为的管控为主，向完善家庭生育的公共服务配套和社会支持转变。从生育政策改革的历史视野来看，“全面二孩”政策不应是我国生育政策改革的完成，而是生育政策转变的一个过渡阶段。

第四章提出，在低生育率社会下开展生育政策调整，需要正确认识我国的计划生育制度，并改革完善我国的计划生育制度。我国的计划生育制度需要进行较大调整，实行一种“新计划生育”，重视女性生殖权利，重视对生育和抚育提供公共服务，重视避孕节育，也应重视满足人口生育需求，并提供助孕助育服务。其强调家庭和生育的公共政策和公共服务支持，并在此基础上构成现代化过程中对家庭生育的支持力量。本章讨论了我国计划生育制度未来发展的方向，提出我国“新计划生育”制度的基本框架，对如何实现计划生育制度的转型发展提出建议。

第五章分析低生育率社会中家庭制度建设和完善家庭政策。当前社会的低生育率，很大程度上是由于社会和家庭的变迁，家庭制度不能有效支持人们生育的结果。家庭因素对生育意愿和生育行为具有丰富影响，在社会变迁过程中，国家和市场力量渗透进入家庭，家庭的规模、结构、功能和家庭关系的内容特点发生变迁，影响着人们的生育意愿和生育行为。考虑到对生育行为的政策干预已经越来越失去作用，因此生育政策需要转移到家庭政策的工作平台上，通过实施综合的家庭政策和福利制度，增强家庭发展能力，推动与生育友好兼容的家庭政策改革。

第六章讨论托育托幼政策和托育托幼服务体系建设。托育托幼困难是影响人们生育意愿和生育行为的突出障碍。托育托幼服务的发展对提高女性生育意愿和生育行为有积极作用，更主要的意义在于，加强托育托幼政策有利于女性就业和性别平等，有利于避免女性的母职惩罚和促进女性发展。托育托幼的发展也构成提高儿童素质的人力资本投资，并构成社会服务消费的组成部分。在本章中，我们基于研究组开展的一项全国调查数据，介绍了城乡居民对托育托幼服务的基本需求，并对完善托育托幼服务体系开展讨论。

第七章讨论生育政策和女性发展问题。在低生育率社会下，低生育率和女性发展表现出两难的困境，女性生育具有制约女性发展的“母职惩罚”，而女性发展进一步抑制人口生育意愿和生育行为，这构成低生育率社会下女性生育和女性发展的内在冲突。当前社会的低生育率不是女性发展水平太高的结果，而是女性发展不足、女性生育仍然面临一系列限制造成的，是家庭劳务部门和市场就业部门二元结构的反映。低生育率社会下的生育率反弹提升和女性发展目标是可以同时实现的，这要求同时进行家庭部门和社会部门双重的改革调整，同时实施生育政策和女性发展兼容的社会政策。

第八章论述我国生育政策应该从“调节性的生育政策”转向“适应性的生育政策”。在低生育率社会中的生育政策，应该淡化对生育总量和生育行为的干预和调控，转向为家庭夫妇的生育需求提供生育服务和支持，以及对人口变动过程的适应。国家的人口政策应该适应低生育率的现实状况，增强家庭发展能力，加强养老服务和保障，实施更加开放的移民政策。生育政策转变需要坚持夫妇对于生育决策的自主性，为不同群体的生育需求、家庭生命周期的不同阶段提供生育的服务、教育和指导，建设起有利于生育友好的社会环境。

第九章讨论低生育率社会下“不想生”“不敢生”和“不能生”的问题。社会经济发展、生育文化、制度因素和技术进步带动生育率转变和生育率的继续变动。本文分析低生育率社会下生育意愿和生育过程的主要影响因素，对我国正在出现的若干新的生育现象开展研究，研究重点针对“不想生”“不敢生”和“不能生”问题，提出低生育率社会下开展生育服务和支持，应该服务于“未意愿的怀孕”和“未满足的怀孕”两个方面，并提供全生命周期的生育服务支持。

第十章在生育政策转变的理论逻辑下，思考和建议生育政策的继续变革和调整完善。本章对人口转变以后我国生育政策实施历程进行了一个到当前时期的总结，将其分为降低生育率、稳定低生育率、过渡阶段和包容性生育政策四个阶段。在人口转变完成以后，我国生育政策的继续变革应该从降低生育率为目的的生育政策，转向更加重视为生育提供服务和支持。服务和支持生育的本质是，生育政策要满足人们的生育意愿和生育需求。我在本章中也提出，当前我国的生育政策改革并没有完成，未来需要从政策调整、制度和管理体制建设、法制建设等不同方面积极推进。

本书中的部分研究工作得到上海市教委科研创新计划重大项目“新时代中国人口发展战略研究”的支持。探索应对人口低生育率挑战，以及实现人口长期均衡发展是该项研究计划中一个方面的内容。我选取了在该项目研究中和生育政策相关的一些个人独立完成的工作放在这本著作中。本书出版得到了复旦大学社会发展与公共政策学院科研发展经费支持。我由衷地感谢上海人民出版社对本书出版提供的支持帮助。

我在此也感谢我的妻子对我长期的爱护和支持。你的陪伴和付出使我感受着人生的幸福，并使我能够自得其乐和无顾其余地沉浸在自己的学术研究中。

本书对我国生育政策改革历程和未来继续改革提出了一些管窥之见，希望引起大家的交流讨论和指正。在低生育率社会下，国家的生育政策应该更加重视服务和支持人们的生育意愿和生育行为。在社会不断变迁过程中，人们的婚姻家庭和生育表现出一些新的现象，第二次人口转变似乎正在发生，人们的婚恋和生育行为表现出多样的特点，技术进步增强了对人类生育行为的支持，现代化也在不断塑造和改变新世代人口的生育观念，性别平等的推进对生育意愿和生育行为产生影响，等等，这些都要求家庭和生育政策继续改革，以满足人们的需求，提高人口的健康和生活福祉。这需要当前的生育政策完成其转变，以期更好地发挥为人们的生育行为提供公共服务和社会支持的作用。

任远

2023 年 10 月 5 日于上海

第一章　低生育率社会的生育和社会

人口的自然变动过程包括生育和死亡，生育是人类不断繁衍生息的基础。生育问题也与人口总量紧密相关，生育率是决定人口长期增长变化的根本因素。在20世纪中期以后，全球的有识之士都在担心人口总量的膨胀，因此研究如何降低人口生育率和控制人口总量成为人口研究的重要议题。从18世纪以来欧洲社会人口变动的经验来看，生育率下降构成人口转变的组成部分，我国也已经完成了从高出生率到低出生率的生育率转变。在本章中，我们将向大家介绍生育率转变及影响生育率下降的主要因素；然后介绍在人口转变完成以后的低生育率社会下生育率的变化，及影响生育率的因素。

一、影响生育率的因素和生育率转变

生育是最基本的人口过程。对于一个人口群体来说，人口生育水平往往用总和生育率来衡量，也就是育龄妇女一生中生育的子女数量，为了便于统计，往往用在一个时期内（往往用一年）的总和生育率来加以计算。一般用总和生育率为 2.1 作为人口再生产的更替水平，也就是说，平均一个育龄妇女一生中生育 2.1 个子女，那么其所生育的下一代可以更替其上一代的人口，从而实现人口再生产的代际更替。因此凯菲茨著名的表述是，如果生育水平高于更替水平，人口总量会不断膨胀；如果生育水平低于更替水平，人口总量将不断萎缩。作为“静止人口”的人口模型，是人口生育水平为更替水平的一个出生队列的分年龄存活人口数量的函数表示。人口的生育表现为一定的模式，例如平均生育的年龄、开始生育的年龄、结束生育的年龄、生育峰值的年龄、分孩次生育的间隔、婚后年数别的生育状况等，女性的生育模式决定了人口生育率的状况和变化。

对人口转变来说，生育率转变构成其重要组成部分。人口转变的过程往往是死亡率率先下降，然后出生率随后下降。生育率转变是指人口从高生育率向低生育率的转变过程，同时人口群体初始生育时间有所推迟，结束生育的时间有所提前，生育偏好从较高的期望生育数量向更低的期望生育数量转变。人口生育率下降是欧洲国家人口转变表现出的基本规律，也是全球工业化和现代化过程中的普遍现象。从 19 世纪以来，关于影响人类生育行为的因素，以及如何来解释生育率转变，诸多学者提出了丰富的理论解释。

较早的关于影响生育行为因素的理论是戴维斯和巴拉克所提出的中间变量理论，他们在“Social Structure and Fertility: an analytic framework”① 的论文中，提出生育行为受到性交、怀孕和

① Davis, Kingsley and Judith Blake (1956), “Social Structure and Fertility: An Analytic Framework”, *Economic Development and Cultural Change*, 4(3): 211—235.

分娩这三个因素的影响。影响“性交”的因素包括进入性交的年龄、永久独身的比例、离婚和分居、丧偶、自愿节欲、非自愿节欲（疾病和性功能障碍）和性交频率等；影响“受孕”的因素包括非自愿原因导致的无生育能力、避孕、绝育措施等；影响“分娩”的因素包括非自愿原因造成的流产，和自愿性的终止妊娠。工业化社会以来社会经济变化、就业增长、技术进步及婚姻和家庭生活变化，会通过影响这些中间变量带来生育率的下降。

也就是说，生育率的差别是由社会、经济、环境、文化传统、宗教，以及人们生育行为等各种因素的差别造成的。这些因素分为直接决定因素与间接决定因素。直接决定因素指与生育、生育孩子的多少、生育时间的早晚等密切相关的生物学及行为学因素，而间接决定因素（中间生育变量）包括其他社会、经济、文化、宗教等因素，通过上述直接决定因素而间接地发生作用。

20 世纪以来还有大量的研究者研究影响人类的生育行为和生育率下降的因素。如邦戈茨（John Bongaarts）认为人口的生育水平总是低于自然生殖力的水平。自然生殖力往往用哈特莱特人口来表示，表示在没有生育控制、没有配偶迁移等条件下一名妇女一生中生育的最大子女数，即大约一名妇女生育 15 个左右子女，而人口的实际生育数量总是远低于这个最大生育数量。梳理这些影响因素，邦戈茨发现影响生育率的最主要的直接影响因素包括已婚比例、避孕比例及效果、人工流产、哺乳期不育，这四个变量解释了所有生育下降的 96%。因此生育率转变的主要原因在于大规模的晚婚，避孕知识和避孕技术的普及，以及人工流产的实施。在生育率转变初期的主要影响因素是避孕节育，到了后期主要的因素是婚姻。[①]

区别于德姆尼（Paul Demeny）认为生育率下降主要是社会经济发展的“看不见的手”的结果，寇尔（Ansley Coale），即诺特斯坦（Frank Notestein）的学生，对人口转变的生育率转变提出自己的理论解释。他认为生育率下降有三个前提：一是由于社会变迁引发对低生育率意愿的需求，有通过干预降低生育的动机，以及存在技术手段即通过避孕来干预生育。生育率下降是三者系统性的相互影响和共同作用的结果。邦戈茨认为生育水平往往是在自然生育率水平和生育率需求之间，即人口生育率是在其中的一个中间值。[②] 延续着其 1978 年提出的生育指数的模型，这个中间值是自然生育率和生育干预系数影响下的结果。

类似的，伊斯特林（Richard Easterlin）分析了生育的供给和需求，认为生育的供给高于对生育的需求，当生育的供给大于对生育的需求时，需要实施对生育的干预来减少生育的供给使其接近更低的生育需求。[③] 由于人口的生育总是高于生育意愿，即存在非意愿的怀孕（unwanted pregnancy），因此需要公共计划的干预来减少非意愿的怀孕。因此生育下降会受到计划生育的影响，并受到计划生育的成本的影响，如果获得避孕服务的成本较低，就能够促进生育率的下降。

关于减少生育行为及人口生育率下降最经典的理论解释，是

---

① Bongaarts, J. (1978), “A Framework for Analyzing the Proximae Determinants of Fertility”, *Population and Development Review*, 4(1): 105—132.

② Bongaarts, J. (1993), “The Supply-Demand Framework for the Determinants of Fertility: An Alternative Implementation”, *Population Studies*, 47(3): 437—456.

③ Esterlin, R., E. Crimmins, 1985, *The Fertility Revolution: A Supply-Demand Analysis*, Chicago: University of Chicago Press.

贝克尔（Gary Becker）的家庭行为的经济分析。贝克尔相关研究获得诺贝尔经济学奖，构造了基于人类理性的成本收益比较来分析人类行为的“经济学帝国主义”的思维。他认为生育孩子是成本和收益核算的结果，这种观点非常具有经济理性。应该说，这样的非常经济理性的看法，并不是贝克尔最先提出的。在社会变迁过程中孩子的经济价值在减少，而生育成本在提高，被广泛地用来理解社会变迁中生育动机下降和生育率下降。而贝克尔关于家庭生育的经济分析，无疑是最为系统和完整的。

贝克尔认为某种程度上可以将子女看作耐用消费品，收入高的家庭，孩子的“价格”更高，因此出现质量对数量的替代，所以家庭收入的提高会带来生育数量的下降。生育的行为选择是基于生育成本和收益的比较，社会变迁会带来生育成本和收益的变化。生育的成本不仅包括生育和抚育子女的直接成本，生育同时包括机会成本即生育的影子价格。随着女性教育程度提高和女性就业，生育的机会成本提高了，因此女性就业会带来生育率下降。同时，生育的成本包括家庭生育成本和生育的社会成本，社会保障和生育成本在社会和家庭间相互分担有不同的选择：房价过高、入托难使小孩的抚养成本提高，社会支持体系不足使得生小孩的机会成本增大，并限制生育水平。① 因此我们可以理解大城市中较高的生活成本和住房价格，构成了约束家庭生育意愿和生育行为的因素。

贝克尔也开展了家庭时间分配的研究，他认为生育行为是家庭时间分配和工作时间分配平衡的结果，因此如果母亲的时间价

① ［美］加里·贝克尔：《家庭经济分析》，彭松建译，华夏出版社 1987 年版。

格更高，会提高生育的机会成本，带来妇女生育的减少。比如女性就业率的提高使得女性将更多的时间用于工作，这减少了她们家庭生育的可能性。职业竞争性、职业妇女的身体负担问题；女性围产期护理的问题；子女照料和家庭子女的幼托问题；家庭事务包括养老的社会支持不足，以及生育子女的直接成本和间接成本都影响生育，这些关于生育配套政策的相关话题现在也仍然得到广泛讨论。这些话题贝克尔都有所涉及，而且这些观点和当前关于工作-家庭冲突的观点有着系统的关联。

20 世纪关于生育行为影响因素的理论研究，还包括伊斯特林的代际相对收入的假说：年轻夫妇的消费和生活愿望受到其父母代经济收入的影响，因此两代人经济收入状况的改善会增加生育；而经济状况不如父辈的情况会减少生育。这种理论解释的假设在于，如果年轻的夫妇有信心其生育的子女达到或者超过其幼年成长期的生活水平，他们才会选择生育；而如果面临经济萧条，他们觉得其子女代的生活水平还达不到自身儿童期的经济收入水平，会限制其生育行为。这种假设也能够解释生育水平的高低受到对经济发展未来预期的影响。

代际关系会影响生育的另一个理论解释，是澳大利亚人口社会学者凯德威尔（John Caldwel）所提出的代际财富流理论，即代际财富关系变化决定了子女的价值。他认为，传统的社会之所以会生育多个子女，是出于养儿防老的考虑。在过去，父辈的养老方式基本属于家庭养老，子辈需要承担起赡养父辈的责任，财富是从子辈流向父辈的；而随着社会的变迁，养老方式在改变，现在的财富大多是从父辈向下流动到子辈，由于财富流的改变，人们开始选择减少生育子女来降低自己的负担，因此带来生育水平的下降。他在非洲的一些国家发现，虽然经济发展水平有了较大提高，但是存在薄弱的保障制度以及仍然依靠子女养老的文化环境，所以虽然这些地区经济发展水平有明显提高，人口的生育水平却仍然维持较高的水平。

影响人类生育动机和生育行为的因素是非常纷繁多样的。在工业化和现代化的发展过程中，社会经济发展、文化和习俗在发生变化，婚姻观和婚姻模式也在变化，现代化、城市化发展等综合地影响了生育水平下降的转变。统计数据也表明，“经济发展是最好的避孕药”。随着经济发展水平的不断提高，生育率水平就会下降。传统农业社会是自给自足的小农经济，其生产技术较为落后。人们进行的是粗放式生产，因此也就需要更多的劳动力，这就使得生育率上升；而在工业社会，随着生产技术的进步，对人口的需求开始降低，过多的人口有时甚至是一种负担。在现代社会中，由于妇女的劳动参与率不断提高，外出工作的妇女越来越多，其用于工作的时间挤占了原有的家庭劳务和生育时间，因此，女性的生育率降低。而与之相反，在一个以家族为本的传统社会体系中，妇女不得不生育更多的子女来维持其家族的人丁兴旺，并巩固其在家庭中的地位。在这样的家族制度下妇女不得不生育更多子女，因此传统社会的人口生育率较高。现代化过程中避孕节育技术的发展使得对非意愿的怀孕进行干预得以可能，并降低了生育水平，也促进女性发展。有一本书叫《魔丸的诞生》，它描述了避孕药生产的过程及对社会生活的影响。显然，避孕药具的研发和合法化，构成生育率下降的重要原因。总体上我们可以发现，作为人类人口变动基本趋势的生育率下降和生育率转变，受到宏观因素和微观因素相互交织的影响，这种生育率转变的人口过程，是在工业化和现代化的社会变迁过程中的内在结果。

二、中国的生育率转变

我国的人口发展已经完成了从高出生率向低出生率的生育率转变。在20世纪50—60年代，平均每位妇女生育6—7个子女，生育率在70年代开始有明显下降，到了90年代，人口的生育水平就已经下降到更替水平以下，到2010年我国人口总和生育率为1.18，2020年七普时为1.3。从20世纪70年代末以来，降低生育率和控制人口数量成为我国生育政策的一个重要目标，希望通过生育率的下降来实现人口转变，从而实现人口的现代化。这也可以看出，人口转变理论是欧洲国家人口变动实际经验的总结，一旦其成为了规律性的理论，“革命的理论就会指导革命的行动”，人口转变理论也引导着相对发展程度较低国家的人口变动和人口转变。

如果参考全球不同国家的经济发展水平和生育率水平，我国的人口生育率转变，总体上具有“超前的人口转变”和“快速的人口转变”的特点，超前的人口转变是指从70年代以来人口生育水平的转变，相对于我国的经济发展水平，其生育水平显得更低；而快速的人口转变，是我国生育率水平的下降速度，是在短短20多年时间内完成了生育率转变，其生育率下降的速度是极快的。

中国的生育率下降和先期人口转变国家类似，工业化和现代化的发展、妇女受教育程度提高和女性就业、避孕节育的技术应用等因素都影响着人口生育，这些因素能够很好地解释我国人口生育率的下降。在研究我国的生育率转变时，有几个因素值得特别加以讨论。

第一个因素是生育政策，即计划生育。我国生育率下降是超前的人口转变，在同样的经济发展水平之下，我国生育率下降更快，也在更低的经济发展阶段中出现生育率下降，不能不说受到生育政策的影响。计划生育可以说是有中国特色的家庭计划，其基本目的是提供避孕节育来减少生育率，控制人口总量。

从新中国成立以来，我国经历了一段无生育控制的阶段（1949—1953 年）。由于城市工业化发展和女性就业提高，对于避孕节育服务的需求有所提高，避孕服务的家庭计划需求有所发展，但是生育是自主的和没有什么控制的。人工流产并不被提倡，这并不是说新中国成立后我们实施类似苏联的“光荣妈妈”鼓励生育，而是由于人工流产的技术和安全状况并不充分，所以并没有得到大规模实施。

我国计划生育制度的内在逻辑是内生在计划经济体制中的，正如毛泽东所说，不仅经济需要计划，人口也需要计划。对人口进行计划的思想是计划生育制度的来源。在 50 年代后期，在人口总量过多对经济社会发展带来显著压力的局面下，对人口总量和生育加以控制的计划生育逐步开始推行。而且基于我国计划体制的制度环境，在此过程中比较重视行政的手段来降低生育率，控制人口总量。

“计划生育”从 50 年代后期被最初提出，然后在 60 年代，我国建立了计划生育办公室，但是在 1960 年代由于政治波动带来行政管理弱化，计划生育工作实际上并没有得到有效实施。70年代以来，我国的计划生育制度采取比较柔性的政策“晚、稀、少”，即结婚生育年龄更晚一些，生育间隔提高一些，生育数量更少一些，其执行效果是比较理想的，人口生育水平从70年代初期的6左右，显著地下降到1980年的2.4左右。1980年以后，我国实施了相对严格的行政控制的计划生育政策。一对夫妇生育一个孩子的生育政策在80年代中后期有所松动调整，到了90年代市场化改革后，我国的计划生育开始实施一些经济引导、经济扶助的机制。计划生育政策也从1980年的一胎化政策，到了1980年代中期实施符合一定条件的家庭可以实施二孩，然后逐步双独二孩、单独二孩，到了2016年开始实施全面二孩，2021年以后开始允许生育三孩，我国的计划生育政策在逐步放松。

在此，我并不计划详细回顾中国的计划生育管理制度的发展历史，相关的研究可以阅读梁中堂的《中国计划生育政策史论》，它对这段历史有比较丰富的史料。① 但是计划生育和政策因素对我国生育率下降的转变确实存在客观的影响。陈卫的研究表明，在80年代我国生育率下降主要是受计划生育政策的影响，到了90年代计划生育政策和社会经济因素对生育率下降的影响是一半对一半。到了21世纪，生育率下降主要受经济社会因素的影响，基本不受计划生育政策的影响。从通过计划生育政策来降低生育率的目的来说，出现了政策失灵，而影响人们生育的社会环境也在发生变化，所以我国的生育政策需要从以降低生育率为目的，开始发生转变，需要逐步转变为以服务和支持生育为目的的家庭

① 梁中堂：《中国计划生育政策史论》，中国发展出版社2014年版。

计划政策。

对我国生育率下降的第二个值得关注的因素是婚姻模式的变化。我国的生育主要是婚内生育，非婚生育非常低，几乎可以忽略不计。因此婚姻模式的变化对生育的影响非常显著。例如我们看到在 80 年代我国生育水平有所提高，这一定程度上是受到婚姻政策改变、人们初婚年龄有所下降的影响。从 19 世纪末期到现在，我国人口的平均结婚年龄从 16 岁左右增加到 30 岁左右，结婚年龄的推迟对生育率的下降表现出日益增强的进度效应。我们可以看到，教育程度提高带来结婚年龄推迟，人们的理想结婚时间也在推迟。与此同时，人们的生育观念也发生变化，期望生育数量在下降，人口的终身不结婚比例在增加。我国人口的同居现象、非婚生生育也都在增长，出现了不少新的婚姻生育现象，这些已经表现出不少第二次人口转变的特点。中国和欧美先期人口转变国家一样，出现了一些现代社会中的婚姻和家庭现象，这些都对人口生育率继续下降具有影响。

对我国生育率下降的第三个值得关注的因素是人口迁移流动。人们对人口流动和生育的关系有不同的看法，有的研究认为迁移流动会带来更高的生育率，特别是乡城迁移。人口的迁移受到其社会化经历的影响，迁移者的生育水平往往比流入地居民的生育水平更高。在 80 年代有一个非常流行的小品，叫“超生游击队”，流动人口被认为是“超生”的。但实际上，不少实证研究表明，迁移流动人口的生育率是更低的，而且还低于流入地城市的平均生育水平。其中的一个解释是“中断效应”，迁移事件带来婚姻和生育的中断，流动者需要更多的积累才能实现婚姻，他们往往在迁移以后先追求事业再发展家庭，因此造成生育水平的下降。当然，迁移流动人口的生育究竟是否更低，如何来衡量迁移流动人口的生育率，或者迁移流动究竟如何影响生育，这些问题都还值得进行更加深入的研究。但可以看到，我国改革开放以后出现大规模的人口迁移流动，而且迁移流动人口主要是较为年轻的生育高峰期人口，因此迁移流动对于我国人口生育水平的下降是一个非常重要的因素。

三、后人口转变时期的低生育率社会

相对于 20 世纪时，世界上大多数国家面临的人口问题是高生育率，因此需要研究造成高生育率的影响因素、研究如何降低人口生育率。当前，世界不少国家和地区都已经完成了人口转变，出现了低生育率，先期人口转变的国家包括我国都出现了长期的低生育率，因此关于生育的研究问题也在变化。这些已经完成人口转变的国家开始更加关注低生育率问题，研究低生育率社会下人们的生育水平为什么这么低，并试图促进生育率有所反弹。这些构成了与高生育率社会不同的人口和社会背景，这也要求在进一步理解生育和社会关系的基础上，更全面地了解人类生育，并对人类生育提供服务和支持。

对生育率转变过程来说，世界不同国家的生育率普遍下降，在相对较低的生育率水平上日益收敛。不同的国家从高生育率下降到低生育率有不同的模式，有的国家生育率下降很快，但是当前的人口生育水平还比较高；有的国家生育率下降很慢，但是当前的生育率水平比较高；还有的国家不仅生育率下降很快，而且生育水平比较低。

人口转变以后的生育率变化也是多样性的，并没有一个固定的模式。麦克唐纳（Peter Mcdonald）总结了在人口转变后的生育率变化的一些基本发现：人口转变以后的生育率是在继续下降，没有保持在更替水平上实现平衡；进入低生育率社会以后的生育水平并不稳定，存在波动；类似发展水平国家的生育率差别在扩大；一些国家生育率出现反弹，这是时期生育率的反弹，队列生育率并没有反弹，例如在欧洲一些国家的生育率反弹实际上是进度效应减弱的结果；从各个国家的生育率变动来看，不存在一个低生育率反弹的临界点，有的国家到了某个低生育率水平出现反弹，如北欧国家和日本，也有的国家生育率不断下降并没有反弹，例如我国从 21 世纪完成人口转变以后到现在，人口生育率仍然在继续下降；在低生育率社会中，时期生育率指标变得失灵，似乎不能很好反映人口的生育水平；低生育率社会后不同国家的理想生育水平一般认为是更替水平，这显然是受到了洛特加静止人口模型的影响。

低生育率社会下的生育和社会的关系，表现出与在生育率转变过程中的生育和社会关系有所不同，这已经吸引了广泛的相关研究，最有代表的是列思泰赫（Ron Lesthaeghe）和范德卡（Dirk van de Kaa）在 20 世纪 80 年代发表的一系列文章中所提出的“第二次人口转变”理论。第二次人口转变是对欧洲国家 20 世纪后半期以来人口继续变动的理论解释。第二次人口转变（SECOND Demographic Transition），这个用词也反映出其理论的雄心。第二次人口转变理论也试图将生育率、死亡率变化和迁移率的变化放在一个整体框架中加以整体讨论，其对于人口转变以后的生育率继续转变提出了相应的解释，认为个人主义和后现代社会的变化带来持续的文化和社会变迁，带来婚姻变化，结婚率在下降、离婚率在提高、婚后不生育提高、丁克家庭比例提高，即在家庭中夫妇不生育的现象增加了，而同居和非婚生育提高，婚姻对生育的作用变得越来越低，技术进步带来更有效的避孕手段，以及社会生活从强调母婴保障、教育、住房和中产阶级家庭生活模式，到进一步强调自我实现、多元文化、反对权威，提倡多元的生活①，这些都使生育率出现持续的下降。

生育率下降到更替水平以后的继续下降，引起人们对低生育率和社会生活的新的担心，也就是不少人开始从担心生育率太高和人口太多，转而担心生育率太低和人口太少了。人们往往将生育率水平下降到更替水平以下称作低生育率（low fertility），将下降到 1.5 以下称作很低的生育率（very low fertility），将生育率水平继续下降到 1.3 以下，称作极低的生育率（lowest-low fertility）。我们看到一些国家和地区的生育率如韩国的生育水平甚至已经下降 1 以下了。

欧洲经验告诉我们，生育率下降到更替水平以后，仍然会继续下降，甚至达到 1.3 以下的极低生育率。而总和生育率下降到低于 1.5 以后，就难以反弹。卢茨（Wolfgang Lutz）提出“低生育率陷阱”的假设②。卢茨提出三个自我强化机制，第一是人口过

① Van de Kaa, Dirk. (2002), “The Idea of a Second Demographic Transition in Industrialized Countries,” Paper 6th Welfare Policy Seminar, National Institute of Population and Social Security, Tokyo, 29 January.

② Lutz, Wolfgang, Vegard Skirbekk, and Maria Rita Testa. (2006) “The Low-Fertilty Trap Hypothesis: Forces that May Lead to Further Postponement and Fewer Births in Europe”, Vienna Yearbook of Population Research, pp.167—192.

程的机制，由于育龄妇女数量的减少，带来生育数量减少，那么如果生育数量下降比育龄妇女下降得更快，会表现出生育水平的统计上的下降；二是社会的机制，随着生育率下降，如果个人是生活在更小规模的家庭中，其社会化经历会带来其更低的生育意愿，从而减少成年以后的生育行为；三是经济的机制，即伊斯特林的相对收入假说会发挥作用，低生育率会带来经济放缓，而经济放缓会削弱家庭的生育意愿，从而会带来生育率的下降，从而构成一种低生育率的陷阱。

应该看到，这样的“低生育率陷阱”只是一个生育率变动的“假设”，因为一些北欧国家在生育率下降到 1.5 以后是可以反弹到 1.5 以上而走出陷阱的，但是确实有不少国家在进入很低生育水平以后，没有出现生育率反弹，或者生育率没有反弹到 1.5 以上，更可以看到几乎没有国家的生育水平反弹到更替水平。

关于“低生育率陷阱”的假设，在东亚社会也表现得非常突出，东亚已经成为全球生育率水平最低的地区。在东亚国家，其平均初婚年龄在继续提高，人口未婚生育的比重非常低，目前的终身未婚率和终身不育率很低，因此对其未来的生育水平是相当不乐观的。日本和韩国的生育率下降模式和北欧不一样，即使采取了北欧的生育政策，生育率也很难反弹。东亚社会的人口低生育率还有一些独特特点，例如在低生育率社会的人口老龄化，对老年人口投资的增强进一步弱化了家庭；低生育率弱化家庭功能，以至于更加不支持生育；东亚社会的市场化发展使儿童养育成本提高，这也强化了低生育率。中国的人口生育率变动情况越来越像东亚社会其他国家，在 90 年代以后，人口生育率下降到更替水平以下，学界一般认为在 2000—2010 年我国人口的总和生育率在1.5—1.6左右，2020年我国人口总和生育率下降到1.3，2022年下降到1.07，而且似乎还在继续下降。在21世纪10年代后期的一些文献中，对于中国是否也已经进入低生育率陷阱学者还有不少怀疑，例如一些学者认为中国家庭文化的稳定性会避免生育率的长期下降。但是考虑到我国目前还处于普遍结婚状态下的低生育率水平，结婚率还在下降，离婚率在上升，我国可能已经处在“低生育率陷阱”中。联合国最近的人口预测认为，在21世纪末期我国的人口生育率能够逐步恢复到1.5，认为这是最有可能的情况，那么，我国将较长时期处于低生育率陷阱中。或者至少可以判断，我国将长期处于低生育率社会。

相对于低生育率陷阱的悲观情绪，摩根（Philip Morgan）不认为低生育率是一个“危机”①。因为低生育率是经济增长的积极成果，低生育率本身并不值得担忧。他认为从全球人口预测来看，全球在可见的100年、200年都不会存在低生育率危机。在发达国家才出现低生育率，这些国家有足够的资源去应对，而且通过移民可以较大程度上解决低生育率问题，技术进步可以解决低生育率的劳动力不足，低生育率以后国家可以推动对妇女、儿童的制度建设，这有利于福利制度建设，有利于投资于人的发展。这样的乐观情绪也告诉我们，低生育率实际上只是一个人口现象，与人口老龄化一样，实际上我们并不必要对其感到过度恐慌和试图大力提高生育率，我们更需要的是适应和应对低生育率社会，来构造低生育率社会下的社会制度和技术进步。

---

① Morgen, S. Philip. (2003), “Is Low Fertilty a Twenty-First-Century Demographic Crisis?”, *Demography*, 40: 489—603.

在进入“低生育率陷阱”的国家中，有的国家能够实现生育率的反弹乃至回到很低生育率水平的 1.5 以上，这也说明作为假设的“低生育率陷阱”未必是必然的，甚至未必是真实的，人口的生育率是会出现反转的。摩根提出生育率不会持续下降，因为生育第一个孩子的作用是为了家庭形成，生育第二个孩子是出于家庭结构的需要，人们需要有兄弟姐妹；生育第三个孩子是因为家庭内的性别比，所以生育率不会持续下降为零。在第二次人口转变后，会因为夫妻的紧密感情而增加生育，个人主义的进一步发展使婚外生育率增加，这也会提高生育率。

低生育率状况下生育率反转的著名研究是，米尔斯吉拉（Mikko Myrskyla）等人发现人类发展指数更高，生育率将会提高。米尔斯吉拉等在《自然》杂志发表的文章认为，在世界 150 多个国家中，当人类发展指数（HDI）在 0.8 以下时，发展水平和生育率呈负相关关系，也就是“发展是最好的避孕药”；但是随着 HDI 继续提高，生育率出现了一定程度的反弹，HDI 和生育率呈现 J 型曲线，即人类发展水平提高也会支持人口生育率提高[①]。更高的 HDI 将会带来生育率上升，这主要是因为 HDI 发展带来了家庭内部劳动分工的变化和男女平等的变化。米尔斯吉拉等在对 30 多个较为发达国家的研究中发现，人类发展指数提高过程中，人口生育率先下降再反弹的趋势表现得尤其明显。而且从以性别平等指数来衡量的女性发展和人口生育率的关系来看，也表现出随着性别平等和女性发展水平的提高，人口的生育率下降的趋势会逐步减缓；在性别平等指数达到 0.7 左右，人口生育

① Myrskyla, M., Kohler, H., Bellari, F., “Advances in Development Reverse Fertility Declines”, *Naure*, September, 2009.

水平会转向反弹；在性别平等达到更高程度以后，人口生育水平将继续提高，但是提高的幅度有所减小[①]。这也告诉我们不必对世界未来人口变化过于悲观，因为发展本身会提高生育率水平。拉卡勒-卡尔德隆等发现经济发展会带来生育率的反转。但是不同分位下，低生育率反转的时间不一样[②]。如果一个国家生育率水平相对较低，那么需要更大的GDP经济增长才能实现反转。在长期低生育率状况下，生育率反弹与人类发展指数HDI、包括女性发展水平的提高，是可以同时实现的，或者说女性发展和人类发展水平的提升会带来生育率的提高。

四、低生育率社会的生育影响因素

（一）宏观、中观和微观的因素

在生育率转变过程中，人口生育水平会不断下降。对于人们生育影响因素的主要关注，也比较关注于是什么因素使人口生育率从高生育水平下降到低生育水平。进入低生育率社会，人口生育率在继续下降，同时低生育率社会中也有一些国家和地区出现生育率的反转。因此社会变迁中存在着影响生育率继续下降的因素，也存在着一些影响生育率反转和提高的因素。长期的低生

① Myrskyla, M., Kohler, H., Bellari, F., “High Development and Fertility: Fertility at older reproductive ages and gender equality explain the positive link”, MPIDR working paper 2011-017, October 2011.

② Lacalle-Calderon M., M. Perez-Trujillo. (2016) “Fertility and Economic Development: Quantile Regression Evidence on the Inverse J-shaped Pattern”, *European Journal of Population*, 33: 1—31.

育率引起较多社会关注甚至担心，因此对于生育和社会关系的研究，不仅要关注使生育率下降的因素，也需要研究对人类生育行为带来限制的因素，以及研究影响生育率得到提高的因素。结合着社会变迁，综合考虑影响生育的多样化因素显得非常必要。

人类生育动机和生育行为的影响因素是非常纷繁多样的，如果对诸多研究提供一个统一框架，可以采用巴尔博亚（Nicoletta Balbo）提出的分析框架，生育率下降是由家庭微观生育决策、伙伴关系社会网络和社区生活环境的中观因素，以及宏观因素共同决定的结果。①

影响生育行为的微观因素在于，人类的生育受到个体生育意愿和家庭内部决策的影响。个人的社会经济地位、就业情况、教育程度会影响生育，家庭因素会影响生育，家庭内部配偶的相互关系会影响生育，具体个体和家庭遇到的工作–家庭的冲突等会影响生育。这些影响生育的个体微观因素甚至渗透在基因中，生物人口学的研究甚至发现，个体的生物遗传因素也会影响生育的能力和生育选择。作为影响生育的微观分析模型，传统的计划行为模型说明生育受到有打算的怀孕和实施生育行为过程的影响，米勒（Warren Miller）提出生育特性–意愿–意向和行为的 T-D-I-B 模型，说明人类的生育行为不仅存在避孕节育的行为，也存在增育助孕的行为，在不同情境下个体的生育动机和生育意向是不同的，也导致其生育行为是不同的。②

① Balbo, N. (2013), "Fertility in Advanced Societies: A Review of Research", *European Journal of Population*, 29(1): 1—38.

② Miller, Warren 2011, "Comparing the TPB and the T-D-I-B framework", *Vienna Yearbook of Population Research*, vol.9, pp.19—29.

在影响生育的微观因素中，家庭因素受到突出的重视。虽然非婚生育有所增长，但是家庭仍然是人类生育和人口再生产最基础的社会单元。家庭因素对生育过程具有丰富影响，生育本身也构成家庭的基本功能。在社会变迁中人口的生育水平下降，很大程度上是家庭发展能力受到削弱的结果。家庭因素对生育的影响首先表现在家庭禀赋的作用，个人的家庭背景和家庭资源、家庭结构所具有的特点等会影响生育。例如卢茨的“低生育率陷阱”假设中的一个重要机制是，在较小家庭规模中的成长经历和社会化，会带来低生育意愿的代际传递。家庭内部的劳务分工会影响家庭内部的性别平等，男性的家庭劳务参与被认为会促进女性生育；另外，类似于贝克尔对女性就业和家庭时间分配的研究结论，女性就业和工作-家庭冲突会对家庭生活带来压力并减少生育；家庭对生育的影响还表现在，家庭内部成员之间的相互关系会影响生育，例如摩根（Philip Morgan）认为夫妻的亲密感情会提高生育，特别是第二孩的生育，同时生育本身是家庭内部决策的结果。① 因为家庭因素对生育具有突出影响，所以需要将生育政策（对生育的政策）转换到家庭政策的平台上，通过完善家庭政策来增强家庭发展的能力，例如欧洲家庭政策的经验表明，通过托育托幼、产假哺乳假，以及陪产假、生育津贴等家庭服务支持的政策，会有利于使低生育率水平有所提高②。

在影响生育率的主要中观因素中，也包括限制生育行为的因

① Morgen, S. Philip. (2003), “Is Low Fertilty a Twenty-First-Century Demographic Crisis?”, *Demography*, 40: 489—603.

② 吴帆：《欧洲家庭政策与生育率变化：兼论中国低生育率陷阱的风险》，《社会学研究》2016 年第 1 期，第 49—72 页。

素和能够支持生育行为的因素。个人的社会网络、伙伴关系、朋友圈中的生育态度对生育决策具有影响；居住环境是否便利会影响生育，例如，生活在郊区还是城市，特别是居住环境周边的社区婴幼儿托育公共服务等设施状况将影响生育决策；父母能够得到足够多的社会资源，例如有人帮助照护子女，特别是单亲家庭尤其需要得到必要的社会帮助，能帮助他们更好地应对生育和抚育的挑战。

关于生育行为的分析，相对来说微观因素和宏观因素的研究受到较多重视，但是对社区、社会网络等中观机制对生育的影响研究并没有得到充分重视，研究成果还是相对较少的。从全球家庭计划和生育率转变的历史实践中，这种中观的社区和社会网络机制对于生育的影响是明显存在的。在实行同样的生育政策的两个社区中，常常因为社区的硬件设施、公共物品配置、社区服务、社区管理水平不一样而导致生育水平的不同，有时甚至相差甚远。因此，关于中观层面社区对生育率影响的研究，不仅正在成为一种生育理论，也成为了社区实践中的重要内容。社区通过合理组织分配资源，组织居民来解决所面临的人口问题，以社区为单位采取生育控制行动。比如在东南亚的一些地区，人们为育龄妇女宣传避孕知识和健康知识，提供避孕工具，同时将这些行为列入地方性公共福利体系中。这种通过地方性组织来推动地方经济的发展，通过促进社区的发展来带动人口发展，促进生育率的下降，我们应该充分认识其有益含义。社区作为一种公共发展模式，无论是直接还是间接的，都对人口的生育行为产生了很大影响。笔者于 1996—1999 年博士研究阶段开展的一些研究，就对社区中观机制和人口生育率下降的关系开展了一些实证分析，也参与了当时国家社区发展和人口控制一体化24县试点网络的一些调研工作。[①] 在泰国、印度，以及在我国都发现社区和社会网络关系影响生育行为和人口生育率，比如社区医生作为社区资源配置的指标，对生育率具有影响。同时，社区居民的生活方式会影响人们生育行为，这也涉及该社区所形成的生育文化。这种文化的作用表现在，人们的生育模式可能不仅仅是在追求个人利益的最大化，有可能是为了追求在社区行为的合群以及对社区制度的遵守。因此，社区的公共习惯、社区文化、集体的制度安排的作用，可能比教育、妇女参与还要更加显著。不仅在生育率下降过程中表现出社区的影响，在低生育率社会下也表现出社区的中观影响，而且在互联网社会中，社区的中观影响很大程度上是通过互联网社交媒体来构建和实现的。

影响生育率变动的还包括一些宏观的因素，例如伊斯特林假说提出的宏观经济发展趋势会影响生育。经济增长或者放缓会影响生育，这种影响也是非常复杂的，例如有研究表明在2020—2022年三年疫情期间，北欧的生育水平甚至上升了，而在美国的人口生育率受到疫情影响而下降，也有研究认为我国近年来的人口生育率下降有受到疫情影响的因素。宏观方面的影响因素还包括文化方面的价值观、政策措施的作用，家庭政策、托育托幼、生育保险、养老金等影响生育；价值观和生育态度的变化也会影响生育，重视家庭的传统可能会引导人口的生育意愿，而个人主义和第二次人口转变会降低生育意愿。技术进步作为宏观社会变迁的组成部分也影响生育，如避孕技术，及能否获得辅助生殖技

① 任远：《农村村级社区的发展》，百家出版社2001年版。

术服务等。关于宏观政策因素对人口生育率的影响，往往表现得难以测量，需要通过干预实验来评估生育政策的作用。

总之，影响生育的因素是多样的，宏观、微观和中观因素共同或交织地发生影响。相对于在生育率转变过程中，学术界和社会各界比较重视研究造成生育率水平下降的诸多因素。在进入低生育率社会以后，在各种影响生育的因素中，存在着导致生育率继续下降的因素，也存在着支持生育率有所提高的因素，特别是家庭和社会福利制度具有重要作用。人们的关注重点从寻找导致生育率下降的因素和制度，到更加重视发现制约生育水平反转的因素和加强相关制度建设。这在研究生育率影响因素的目的上存在不同。另外，学术研究中也越来越发现，研究影响生育的因素需要结合具体国家的制度和文化、社会背景来分析，不同国家影响生育的因素不一样，而且同样的因素可能在不同国家影响不一样，需要思考其背后的原因。

（二）生育意愿和生育行为

生育包含了从产生生育意愿到实施生育行为，及产生具体生育结果的整个过程。在人口转变的过程中，人们的生育意愿往往低于实际的生育水平，存在着“非意愿的怀孕”，即邦加茨认为生育水平往往是在自然生育率和生育率需求之间，生育水平高于期望的生育水平，所以人们希望通过有效和成本合理的家庭计划，来避免非意愿的怀孕，从而实现人口生育率的下降，这种生育率的下降是有利于满足人们较低的生育意愿、有利于女性健康的。

但是在进入低生育率社会以后，随着高效避孕节育技术的应用，生育水平趋近于生育意愿，而且很多时候实际生育水平是低于生育意愿，也就是说不仅出现了“非意愿的怀孕”的情况，也出现了“非满足的怀孕”情况。生育意愿和生育行为的关系在低生育率社会中正在发生重新理解和新的理论建构。例如，区别于邦加茨最初的研究，认为应通过生育干预来使人们的生育水平接近于人们的期望，他之后则发现原来的生育率模型在低生育率社会时代并不适用，因此其也提出了决定人口生育水平的新分析框架①，即人口的生育率是意愿生育数、非意愿生育、替补效应（以前所生子女意外死亡的替补生育，这也解释了为什么一个社会的死亡率下降过程中，其生育水平会下降）、性别偏好、不孕效应（由于生理因素而导致的无法生育）、竞争效应（指本来打算多生，但由于工作等压力无法承受生育期望中的孩子数），和进度效应（推迟生育年龄）的综合结果。这个分析模式很大程度解释了低生育率社会中的生育行为和生育水平影响因素，它的视角与原来的经典模型有很大差别：其一是其模型的参照点由自然生殖力转变为生育意愿，前者解释了为什么生育水平低于自然生殖力，后者的核心是生育水平为什么与生育意愿存在偏差；其二，模型的影响因素不再只包括对生育率有所抑制性的因素，也包括了有利于提高生育率的因素。邦加茨提出，当抑制性因素的总影响（因子连乘积）大于提升性总影响时，就会产生实际生育率低于生育意愿的结果，反之亦然。因此生育意愿高于实际上的生育水平，或者说人口的生育水平低于人们期望的生育，主要是由于不孕效应、竞争效应和生育推迟等因素的影响。我在最近的研究中分析了影响“非意愿的怀孕”和“未满足的怀孕”的不同因

① Bongaarts J. (2001), “Fertility and Reproductive Preferences in Post-Transitional Societies”, *Population and Development Review*, 27: 260—281.

素，前者主要是受到避孕节育实施效果的影响，后者主要受到人们“不敢生”和“不能生”的影响。

因此，在低生育率社会下，生育行为和生育意愿的关系就不是通过降低生育率，来使人口的生育水平远低于自然生殖力，从而趋向于接近生育意愿；生育意愿、意向生育和实际生育行为关系变得复杂化。生育意愿和生育行为的关系，也就难以用生育意愿和计划行为理论来加以概括，人们的生育行为在具体的社会环境下存在避孕节育的生育行为，也存在为了满足生育意愿和生育需求来实施助孕助育的行为，米勒在其 TDIB 的模型中展现了人们希望生育和不希望生育的不同动机，并根据这些不同的动机来形成不同的生育意向和生育行为。所以当避孕节育的有效性能够充分实现以后，影响人们生育的因素，就表现出如何来通过避孕节育来抑制“非意愿的怀孕”，及通过助孕助育来实现“未满足的怀孕”的过程，以及如何通过家庭制度和福利制度的建设来避免社会环境对人们生育意愿的抑制作用。

总之，现在全球对生育率的关注已从关注“生育率过高”过渡到关注“生育率过低”。或者说，有越来越多的国家，开始重视低生育率的人口现象。低生育率社会下生育和社会的关系表现出了一些新的现象和新的规律，在此背景下，对于生育问题和生育政策的关注点发生变化。在生育率转变过程中，人们关注如何降低生育率；在低生育率社会中，人们更加关注如何避免或者走出“低生育率陷阱”，人类生育意愿和生育行为的主要影响因素和作用机制也在变化。因此，我们需要在人口转变完成以后，重新思考生育和社会的关系，来更好地应对低生育率的人口现象，及满足人口群体对生育的意愿和需求。

第二章　生育率变动和生育政策转变

我国在20世纪末完成了人口转变。人口转变包括死亡率的下降和生育率的下降，以及转向稳定的低出生率、低死亡率、低自然增长率的现代人口再生产模式。生育率转变构成人口转变的一个侧面，在从传统社会向现代社会发展的过程中，人们的生育态度、生育意愿、生育行为和生育模式都发生了巨大变化，表现出人口生育水平从高生育率向低生育率的转变。当前，我国已经进入了人口转变完成以后的低生育率社会，人口生育率继续下降，出现很低乃至于极低的生育水平，人们的生育行为和生育模式表现出第二次人口转变的一些特点。

与世界其他国家相比较，我国人口转变过程表现出“超前的人口转变”和“快速的人口转变”，这说明了生育政策在生育率转变过程中发挥了一定作用。随着人口转变的完成，在社会经济外部环境和人们的生育行为不断变化的过程中，生育政策也在发生相应调整。如果说在生育率转变过程中的生育政策更加关注降低生育率，在人口转变完成以后的低生育率社会状态下，生育政策需要应对新的人口形势并实施改革。

本章中我们简要回顾新中国成立以来我国人口生育率变化的基本趋势，讨论生育率下降的过程对于国家发展表现出的积极影响和长期低生育率带来的不利影响，本章介绍我国计划生育制度建立和政策调整的历史过程，然后对低生育率社会下生育政策改革的必要性和内在逻辑开展讨论。

一、我国生育率变动的基本趋势

人口转变的过程往往被认为是死亡率率先下降，然后生育率随之下降。新中国成立以来，我国的生育率变动经历了从高生育率向低生育率转变的过程，当前处于人口转变完成以后的长期低生育率状态。

在20世纪50—60年代，人口生育水平较高，总和生育率基本在6左右。生育率转变基本是从70年代开始。70年代以来，我国人口生育率出现显著的下降，随着“晚、稀、少”生育政策的实施，以及在70年代末开始实施严格的计划生育政策，我国人口的总和生育率到1980年已经下降到3以下。改革开放和市场经济的发展，使社会经济发展对人口生育率下降的影响不断凸显，到了90年代初的1992年，总和生育率已经下降到2.1，即下降到更替水平以下，我国进入了低生育率社会。

在生育率转变完成以后，我国人口的生育水平仍然在继续下降。不同部门、不同学者对人口的真实生育水平有不同的估计。

基于2000年我国第五次人口普查数据计算的总和生育率为1.22，2010年第六次人口普查为1.18，2020年七普时为1.3。时期总和生育率数据往往需要进行调整，才能得到实际的人口生育水平，而且出生人口漏报的因素往往也需要在估算人口实际生育水平时加以考虑。根据联合国的统计，我国人口的总和生育率（也就是一个妇女一生中的平均生育子女数）在2000年为1.6，2010年为1.7，到了2020年下降到1.3。虽然不同机构对人口真实生育水平的判断存在较大差别，但是21世纪以来，我国人口处于低生育率状态，生育水平继续下降是一个基本的共识。

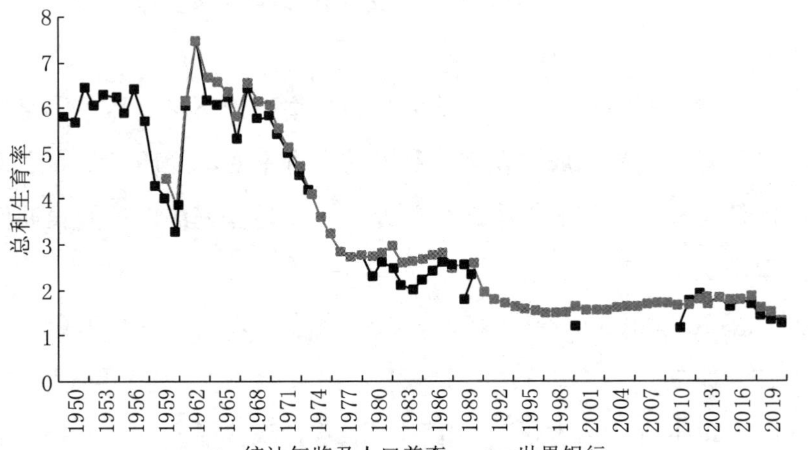

图2.1　我国人口生育水平的历史变化

数据来源：世界银行以及1950—1984年《中国计划生育年鉴》、1985—1989年《中国人口统计年鉴》，1982年、1990年、2000年、2010年、2020年《中国人口普查年鉴》。

根据国家统计局的最新数据，2021年我国人口的总和生育率已经下降到1.1左右。我国的出生人口数量从2016年以来逐年下降，2016年出生人口数量为1786万，到了2022年出生人口数量为956万。我国人口总量在2022年出现了人口负增长。生育率下降的另一个突出现象是一孩生育率持续下降，如果不少家庭夫妇连第一个孩子都不生育，也就谈不上生育二孩和三孩，人口的生育水平自然会保持在很低的水平。当前时期，我国的人口生育率已经下降到很低和极低的水平，这一人口现象越来越引起社会关注。

随着生育率的长期下降，我国已经有相当大概率落入了“低生育率陷阱”。卢茨所提出的“低生育率陷阱”，是他在总结了欧洲国家生育率变动的数据后，认为当人口生育水平下降到1.5以下之后，就很难恢复到1.5以上。东亚社会的日本、韩国、新加坡等，也出现了长期的人口低生育率并似乎陷入了“低生育率陷阱”。我国生育率转变以后的人口生育率变动和东亚国家类似，考虑到当前我国的人口终身未婚率还比较低，还是一个女性普婚的社会，随着女性终身未婚率提高，以及人口初婚年龄、初育年龄在继续提高，我国的人口生育率有相当大概率还会继续下降。根据我们最近的研究，15—30岁的青少年人口的生育意愿也就是在1.4—1.5左右，这实际上基本能预示未来20—30年的生育水平仍然是很低的。因此，我国有相当大的概率已经落入“低生育率陷阱”之中，未来将长期处于低生育率社会状态。

生育率是影响人口长期变动最根本的因素，对未来人口生育水平的预测构成对人口长期变动开展预测的基础参数。根据联合国最新发布的《世界人口展望》，其高方案是在2100年我国人口的生育水平会回升到接近于更替水平，中方案是在2100年我国人口的总和生育率回升到1.5，低方案是在21世纪中叶我国人口生育水平维持在当前的1左右，那么我国人口数量在2050年的高中低方案分别是14.1亿、13.2亿和12.2亿；到2100年，在不同的方案预测下，我国的人口总量会分别下降到11.5亿、7.7亿和4.9亿。

表 2.1　我国未来的人口生育水平和总量变动

年　份	总和生育率	总人口数（亿）	出生人口数（万人）	死亡人口数（万人）	出生率（‰）	死亡率（‰）	人口自然增长率（‰）
2022	1.18	14.26	1075.8	1052.3	7.54	7.38	0.86（–0.60）
2030	1.27	14.17	1001.6	1222.4	7.07	8.64	–1.67
2040	1.34	13.80	1035.2	1496.7	7.50	10.86	–3.36
2050	1.39	13.17	905.2	1736.0	6.87	13.22	–6.35
2100	1.48	7.71	474.3	1368.9	6.15	17.85	–11.70

数据来源：本表根据联合国经济和社会事务部人口司《世界人口展望 2022》数据库整理而得，显示的是中方案的人口预测结果。2022 年括号内的人口自然增长率是我国统计局 2023 年公布数据。其低于联合国预测的结果，这也说明，联合国关于当前中国人口生育水平的判断，可能仍然是比真实水平偏高的。

比较积极的估计是，到了2050年，我国人口生育率可以回升到更替水平的2.1，但是即使如此，由于人口的低生育率，以及由于90年代以来长期的低生育率的惯性作用，在国际移民不发生很大增长的情况下，仍会使我国在21世纪中出现人口总量的长期下降。可以说，从新中国成立以来我国人口将经历一个150年的人口变动周期，从新中国成立到当前约75年是一个人口快速增长和增长放缓的时期，目前我国的人口总量已开始进入负增长，未来会进入一个长期负增长的人口格局。

二、生育率下降的积极影响

在人口转变过程中，从高生育率开始的生育率下降影响社会经济生活。无论是在宏观还是在微观上，往往表现为积极的影响。从马尔萨斯提倡对生育进行“有道德的抑制”以来，已经有较为丰富的经验研究和理论研究认为生育率下降能够有助于经济和社会发展。低生育率往往被认为是好的，是值得追求的。

生育率下降和人口增长放缓往往被认为能够缓解人口增长对资源环境产生的压力，并有利于经济的增长。这种非常“马尔萨斯主义”的想法也支持了多数人口数量较多而经济增长水平较低的国家采取以降低生育率为导向的政策。在1980年以后我国强调低生育率会有利于经济增长，有一个形象化的标语就是“少生快富”。生育率下降，会减少“人口多”对国家发展所带来的压力，如马寅初认为人口多带来了农业发展的压力，从而不利于中国工业化的资本积累。生育率的下降首先减小了少年儿童在总人口中的比重，并带来社会抚养比的下降和人口红利，而人口红利则被认为是促进社会经济发展的重要因素。生育率下降带来积极的“人口红利”，从而有利于经济增长，存在非常多的研究支持和实证佐证。东亚经济奇迹在很多时候被认为是生育率下降而带来的人口红利结果。生育率下降也往往被认为有利于实现适度人口规模，有利于减少资源环境的压力。由此，低生育率在一定程度上确实带来积极的影响，促进了经济发展和人们生活水平的提高。

同时，低生育率被认为是有利于家庭发展和家庭福利的。如果说少生是一种家庭夫妇的理性选择，生育更少的子女就表现为提高了家庭整体的“效用”。少生被认为可以减少家庭支出的压力，生育率下降使得家庭夫妇，特别是女性有更多的时间投入到工作和个人发展中去，而不必要花费太多的时间照看子女，最终使家庭收入增加，家庭的生活质量提高。

生育率的下降也带来了人口受教育机会的增加，家庭在较少子女的状况下，愿意及能够投入更多的资本提高孩子的受教育水平。在相当大程度上不是人们通过子女质量来替代子女数量从而降低了生育率，而是由于生育率下降了以后，家庭能够也必须在更大程度上投资于子女教育，从而提高了子女的受教育程度。而人口受教育程度提高对国家发展的意义，无论如何形容都不过分。教育发展有助于提高劳动生产率，教育也有助于提高社会流动的能力，提高了个人的道德，提高人们的公共意识，使得整个社会得以向前发展。

生育率下降也会有利于女性发展。女性更少的生育负担和更早地结束生育期，使女性有更多的时间投入劳动力市场。女性从家庭的生育束缚中解放出来，提高了女性的家庭地位和社会地位，使女性在家庭和社会中拥有了更多的自主决策权和平等参与权。低生育率的另一个有利结果，是提高了子女特别是女孩的受教育机会，从而提高女性地位。现在不少国家的女性受教育程度已经高于男性。在韩国、日本等传统社会女性地位低的国家，由于低生育率提高了女性受教育程度，所以女性地位提高了，例如韩国有一个电影是《我的野蛮女友》，从题目也看出，现代社会中女性地位得到提高。由此看来，低生育率有助于男女平等的社会发展。降低生育率还有助于提高女性和婴幼儿的健康，高生育率对女性的不利影响首先表现在对女性健康的影响，而且低生育率往往和更好的母婴保健相联系，在低生育率过程中女性和婴幼儿死亡率也表现出了明显的下降。

三、长期低生育率的不利影响

18 世纪以来 300 多年中展现出的工业化发展、经济社会进步和生育率下降的相关性，使人们形成了“生育率下降是好的”这样一种看法。有一个说法是“发展是最好的避孕药”，或者说，作为人口转变重要侧面的生育率下降本身意味着经济社会的进步。但是，随着我国完成了生育率转变和人口转变，人口的生育水平继续下降，生育率水平过低或者长期低生育率对经济社会发展正表现出各种不利的影响，而且这种不利影响还会表现得越来越明显。

长期低生育率对发展的不利影响首先表现在经济层面。70 年代以来，我们似乎看到低生育率带给经济社会发展的人口红利，但在长期人口低生育率以后，这种“人口红利”却逐步走到其反面，成为一种“人口负债”。长期低生育率带来的劳动力资源数量和比重开始转而下降，并构成经济增长放缓和下降的威胁。经济继续保持持续增长而劳动力数量下降，则很有可能在不久的未来造成整个社会出现劳动力不足的局面，这种现象已经初步有所呈现，表现出劳动力成本的提高和东南沿海近年来出现“招工难”的现象。老年人口比重则在逐步提高，整个社会的抚养压力不断提高，到 2030 年我国的人口抚养水平将会高达 50%，进一步加剧了劳动力数量相对不足对社会体系的压力。生育率下降伴随的人口红利主要表现在社会抚养水平下降、储蓄率和投资率提高，并因此有利于经济增长。长期低生育率则会带来社会抚养水平提高，储蓄率下降和投资减少，对老年人的抚养开支则会增加，公共财政压力提高，使整个社会经济发展动力减弱。

90 年代以来长期低生育率导致青年人口比重下降，以及青年劳动力数量下降。虽然劳动者的受教育程度提高了，但是青年人口总量和比重的下降，可能会造成创新能力的下降。因为无论如何，青年总是一个国家中最具创新性的群体。这也是拥有更多青年移民的城市往往具有更强创新能力的原因。青年创新创业会创造出更多的发展机会和成长空间。在知识经济社会下，劳动者的年龄对于经济发展的约束性可能在下降，但青年人口依然是整个社会最为重要的资源和动力。在这个意义上，长期低生育率会减少青年人口比重，损害国家长远创新能力的根基。

伴随着生育率下降而带来的青年人口比重和总量的下降，在人口结构层面上表现出处于家庭形成期的人口数量减少和比重下降。不仅是家庭规模小型化，而且以青年为主的新形成家庭的减少，对消费市场也带来了一定冲击。例如我国90年代以后房地产业的大发展固然是城市建设投资增加的结果，但从人口结构的背景看，则是生育高峰年龄人口家庭推动更多购房需求的结果。人口结构的老龄化造成老年人口不再需要大规模住房，甚至还通过倒按揭退出住房市场进入养老院，而青年劳动力的家庭形成速度放缓，对长期发展而言会构成住房市场发展的约束。新家庭的形成对市场消费的影响表现在方方面面，涉及从婴儿奶粉到住房的整个市场消费，在这些方面来看低生育率对长期的内需增长是不利的。

长期的低生育率最为消极的后果是对家庭功能的破坏。生育是家庭的基本功能，生育率的下降使家庭功能弱化和家庭生活风险提高。家庭的少子女化使得家庭养老能力不足，未来的家庭越来越发展为“421模式”，即一对夫妇有双方各自父母4人，还有1个子女。同时双方父母4人还有8人的祖父母。家庭树的萎缩带来家庭养老能力的恶化，甚至使得依靠家庭养老成为不可能完成的任务。家庭少子化甚至家庭无子化的情况日益明显。少子化也使得家庭变得越来越不稳定、越来越脆弱，比如失独问题、残独问题等。虽然夫妇双方只有一个子女而子女意外伤残死亡这个问题在历史上都会出现，长期低生育率和由于实行计划生育政策出现的失独问题和残独问题的程度、对家庭的影响都会更加严峻，政府在处置相关社会问题中也需要承担更大的责任。长期的低生育率使得整个社会成为高风险的社会。而如果作为整个社会基础的家庭的风险性增强，家庭的经济消费功能和社会支持功能弱化，社会生活的秩序和可持续性都会受到相应威胁。

长期低生育率同时改变了新生代青年人口的个性特点，80年代后的独生子女一代人被认为是被娇宠长大的“小皇帝”，他们在低生育率背景下受到更大的呵护，但是家庭作为社会化的主要场所，其功能弱化了。由于兄弟姐妹和大家族伙伴群体的相互交往和人格养成环境的缺失，独生子女一代人因此容易形成缺乏独立性、过分自我中心等弱点。当然我们应该充分认识到，低生育率后教育水平的提高使得独生子女一代人实际上更有能力成为国家未来的希望，但是这一代人先天性的“社会化不足”也会使他们在家庭生活、人际关系和职业发展中面临许多新的社会问题。例如，不仅现在的家庭功能在弱化，这些独生子女一代人成立家庭以后的家庭功能也会进一步弱化，不少独生子女一代人缺少做家务的能力，他们生育了子女还要老一辈父母来帮助照料，形成了富有中国特色的“祖辈带孙辈”的现象。很难说这样的代际关系变化是好事还是坏事。但显然，长期低生育率后的未来人口群体的个人性格、相互交往模式、社会结构类型都在发生变化，逼迫社会运行和社会结构发生变化。

低生育率和长期的低生育率在性别偏好的情况下，则会引发性别比失衡的问题。数据表明，80年代以后，我国出生人口的性别比就开始偏离正常水平，1982年的出生人口性别比为107.6，1990年增长到111.14，2000年第五次人口普查时增加到116.86，2010年第六次人口普查为117.94。2009年以来我国的出生人口性别比开始下降，但七普数据表明到了2020年出生人口性别比为111，仍然是处于偏高和失衡的状态。目前，世界上有18个国家和地区的出生人口性别比高于107的正常值上限，我国是世界上出生人口性别比结构失衡最严重、持续时间最长、相关人口数量最多的国家之一。客观来说，性别比失衡问题的根源是性别偏好和选择性的人工流产，但是长期对生育行为的干预控制作为一个诱发因素推动了出生人口性别比失衡。出生人口性别比长期失衡与人口老龄化交织，出生人口性别比失衡和人口迁移流动过程的性别不平衡交织，出生人口性别比失衡和社会婚配模式交织，将加剧社会问题的严重性，未来我国在社会结构、婚姻市场、性别关系、养老安排和社会稳定等方面都会面临新的问题，积累性地表现出其不利影响。

因此，当人口转变进入后人口转变时期，人们越来越认识到“低生育率未必是一件好事”。因为从根本上看，低生育率意味着人口持续萎缩以至于国家的人口前景都会受到影响。追求长期低于更替水平的生育率从数学上看会带来人口长期变动的趋向于消亡。生育率下降影响着社会生活、家庭、性别关系、社会结构等不同方面。在生育率下降的早期，这种影响可能是积极的，但在后人口转变的时期，其消极影响将越来越明显。比如对社会消费的影响以及对劳动力供给的影响等。这种矛盾关系正是所谓“天下没有免费的午餐”，人口转变过程中生育率下降的积极后果会反作用于自身，表现为后人口转变时期长期低生育率对社会经济发展的限制。

长期低生育率将会使未来的中国社会成为高风险社会，因此如何应对低生育率带来的不利影响，比如社会的养老问题、失独问题、残独问题、社会的困境、生活的风险性等，应该成为我们整个社会关注的核心议题之一。更为严峻的是，世界主要国家的发展经验表明，当生育率下降到低生育率水平以后，甚至还有进一步下降的趋势时，日本、韩国等国家虽然采取了包括生育补贴等各种积极鼓励生育的措施，也难以使生育率出现反弹，出现了“低生育率陷阱”的现象。这样，在后人口转变时期的长期低生育率就越来越成为一个值得担忧的社会问题，使得当前生育问题的内容、特点及性质都和高生育率时代截然不同。

四、生育政策的历史演变

生育率转变过程和相关的生育政策存在紧密联系。在人口转变时期的生育政策，其目的在很大程度上是为了促进完成生育率转变，也就是以降低生育率和控制人口增长为主要目的。而随着人口转变的完成，当前的社会形态进入了低生育率社会，生育政策的定位和目的就需要发生变化，也正在发生变化。

新中国成立以来，我国生育政策的基本制度是“计划生育”，回顾我国生育政策的发展历史，其发展演变可以分为四个时期：

第一，计划生育制度的讨论和酝酿的时期。

1949 年到 50 年代中期，我国人口出生表现出一个“婴儿潮”，应该说这主要是受到战后和平和经济恢复的影响。在这一阶段中，并没有实施鼓励生育或者节制生育的政策。随着 50 年代以后大量人口进入城市，人们的生活方式发生变化，城乡居民对于避孕节育的需求得到增长，生育的公共政策开始进入公共管理的视野。

20 世纪 50 年代中期以后，马寅初等开始意识到人口增长过快的问题。到 60 年代，国家发展出现了困难局面。这固然与自然灾害和工业化策略因素有关，也表明当时人口与生产力的矛盾已经出现，而且日益严重。因此从50年代后期开始，生育水平过高和人口数量增长过快的问题日益引起关注。

第二，从1963年以后开始推动以控制人口增长为目的的计划生育。

我国从70年代以后开始实施以降低生育率、控制人口总量增长为导向的人口政策，最初的政策实施采取了比较和缓的方式。1973年12月，中国第一次计划生育汇报会上提出要提倡实行“晚、稀、少”的计划生育政策。“晚”是指男25周岁、女23周岁才结婚；“稀”指拉长生育间隔，两胎要间隔4年左右；“少”是指只生两个孩子。这段时间也被认为是中国生育率下降的“黄金十年”，人口政策的执行以鼓励、号召为主。这段时期的人口政策，执行效果是较好的。

第三，1980年以后实施严格的计划生育政策。

计划生育工作曾一度停顿，到了1978—1980年，计划生育工作逐步加强，从“晚、稀、少”的政策逐步过渡到“提倡一孩”的政策，目的是实现在20世纪末达到12亿人口的发展目标。1980年中共中央发表了《关于控制我国人口增长问题致全体共产党员共青团员的公开信》，提倡一对夫妇只生育一个孩子。在此以后，依靠强大的行政化工作机制加强计划生育工作。在“提倡一孩”的生育政策的基本框架下，从80年代以来，我国基本上实施的是以行政管理为依托的严格的生育控制。

在生育政策实施过程中，我国也逐步进行了一些生育政策调整：一是执行方式的调整。在90年代，适应社会主义市场经济体制，计划生育的执行方式从之前的行政控制为主，过渡到重视利益导向政策，而且也更加重视宣传教育在其中的作用。当时提出了“三为主”，即人口和计划生育工作要以宣传教育为主、避孕节育为主和经常性工作为主，力求减少行政性、强制性的手段。在90年代末期和21世纪初期，也开始讨论将生育政策导向进一步推广，提出“三结合”，将计划生育与生产、生活和保障相结合，提倡社区发展和人口控制一体化。2000年以后，为适应人口流动性增强的社会特点，推动计划生育综合改革等措施。

二是政策规定的调整。例如1985年开始在山西翼城的二胎试点；从2001年开始，我国在酒泉进行了取消了生育间隔试点。90年代以来，我国不同省份都陆续实行了如果夫妻双方都是独生子女，可以生育第二个子女的“双独两胎”政策。从2005年以后，我国开始对生育政策改革方案进行广泛研究，有单独二胎方案、有晚婚晚育二胎方案，有的专家认为从育龄妇女比重开始下降的时候逐步放开生育政策，也有的提出按照高年龄到低年龄逐步放开生育政策，还有提倡小步快走，一点一点地放松政策。

第四，2013年以来，我国的生育政策日益放宽。

在进入21世纪以后，我国的人口转变已经完成，人口数量快速增长和较低生产力水平之间的矛盾已经得到很大缓解，以降低生育率和控制人口增长为基本目的的计划生育政策迫切面临改革，但是我国的生育政策调整还是保持着非常谨慎和迟缓的态度。随着社会各界对调整生育政策的呼声日益高涨，在2010年以来我国生育政策开始了较快的政策调整。

2013年我国开始实施“单独二孩”政策，为放宽生育政策提供了比较明确的信号。2016年初开始实施“全面二孩”。党的十九届五中全会提出“优化生育政策，增强生育政策的包容性”。在《中共中央关于制定国民经济和社会发展第十四个五年规划和二〇三五年远景目标的建议》中，强调要发展普惠托育服务体系，降低生育、养育、教育成本，促进人口长期均衡发展。2021年中共中央政治局会议审议《关于优化生育政策促进人口长期均衡发展的决定》，之后在2021年7月发布《中共中央国务院关于优化生育政策促进人口长期均衡发展的决定》，提出实施“可以三孩”的生育政策及配套支持政策。这一时期以来，我国生育政策正快速地进行调整，加强生育支持政策体系的制定和落实。

五、低生育率社会的生育政策

在生育率转变过程中的生育政策，基本是以降低生育率、控制人口总量为主要目的。随着生育率转变的完成，人口生育水平已经长期低于更替水平，人口总量的压力逐步缓解，并已经出现人口负增长，我国已经处于低生育率社会，因此生育政策客观上需要开展系统性的调整。

在低生育率社会中，人口生育水平长期处于很低乃至极低的状态，同时人们的生育态度、生育意愿和生育行为表现出一系列新的特点，生育意愿和生育需求更加多样化。例如，有的家庭期望生育一个孩子，有的期望生育两个或者多个子女，也有的家庭并不期望生育。人们对于生育的需求不仅包括期望生育的数量，也包括生育的质量和生育的时间选择。随着初婚年龄的推迟，人们需要为安排更高年龄的婚姻和生育作好准备，生育政策也需要满足高龄妇女的生育意愿和生育需求。与此同时，在社会变迁过程中，生育和社会生活的关系也表现得更加复杂，不仅存在婚内生育，也出现越来越多的婚前同居和非婚生育。人们生育行为的影响因素受到生育成本-收益的影响，生育子女的生育、抚育、教育成本限制了人们的生育意愿，由于市场竞争带来的工作-家庭冲突成为制约人们生育的重要因素。因此，在低生育率的社会环境下，需要对生育政策的定位和内容进行重新设计，为人们生育行为和家庭生活提供公共政策支持。

第一，低生育率社会下实施生育政策的目的，已经并不是为了降低生育率，或者是对实现某个生育数量、实现某个人口总量目标进行规划，而是要使生育政策能够更好地满足人口群体生育和发展的需求。在低生育率社会中，人们的期望生育数量是更加多样化的，对生育、抚育和教育的需求更加丰富，生育政策需要努力满足不同群体多样化的生育需求，通过对家庭夫妇的生育服务和支持，满足人们的生育意愿，促进人民群众的家庭发展和生活福祉。这样能够使生育政策真正成为为人民利益服务的公共政策。而我国生育政策实施的历史实践也表明，一旦人口政策脱离了人民的利益和需求，人口政策也就不能够得到人民的拥护。

第二，低生育率社会下对人们生育意愿和生育行为进行公共管理，并不是政府制定政策并开展行政实施的单向过程。生育政策的制定和调整，应尊重人民群众自身的自主选择和公共决策。生育政策应该以人民群众的生育权利为基础，需要更多的公共参与，使不同的人群能够对政策制定有多样化的表达，从而能够实现不同群体对生育政策的多样化需求。这种公共管理的思路，也是一种人口治理的思路，是社会不同主体共同参与人口事务的公共决策过程和权利利益的协调平衡过程。

第三，生育政策的管理执行，也应该从行政管控的机制过渡为公共服务的机制。生育政策的管理部门不应该是决定是否允许个人是否生育、何时生育和生育多少的部门，而是应更多地为人口群体提供健康服务、提供信息和咨询服务，减少人口的出生缺陷率，为不能生育的人群提供帮助，为家庭生育、抚育和教育提供各种配套服务。

低生育率社会下人们的生育意愿和生育行为，越来越受到社会经济因素的影响，而不仅是受到行政规定的影响。当人口的生育水平实际上已经低于生育政策规定的数量管制以后，以数量管制为要求的生育政策对人们生育行为的影响作用已经越来越薄弱。作为在社会主义市场经济体制下的公共政策的执行手段和方式，应避免国家直接的行政控制，而更应通过引导现代生育文化的建立，通过完善的生育配套体制的支持和利益引导机制，引导个人和家庭生育的行为，并更好地致力于提高民众生活福祉。

第三章　生育政策的定位和定向

在 2013 年我国实行了“单独二孩”的生育政策，2016 年开始实施“全面二孩”政策，2021 年实施“可以三孩”生育政策。“全面二孩”政策对于生育政策调整构成了一种“质变”，由于当时的人口生育率在 1.5 左右，“全面二孩”政策客观上抛弃了降低生育率和控制人口的生育政策思路。修订的《人口和计划生育法》确认“国家提倡一对夫妇生育两个子女”，形成了一种相对来说鼓励生育的政策。但是，究竟应该如何认识“全面二孩”的生育政策改革？“全面二孩”以后生育政策是否还需要改革、如何改革、什么时候改革？在坚持计划生育基本国策、充分发挥“全面二孩”政策效应、实施“全面二孩”鼓励生育政策等讨论中，生育政策的未来发展向何处去？我们应该用历史的眼光再次思考“全面二孩”政策在整个生育政策调整和转变过程中的阶段性作用，再次思考生育政策未来发展的定位和定向。

一、“全面二孩”以后的人口低生育率

“全面二孩”也是计划生育制度的一种政策安排。从 20 世纪 80 年代以来，中国实行以独生子女为核心的行政调控的计划生育政策，其基本内容是“提倡一对夫妇生育一个子女”，在 2010 年代以后才开始对政策开展主要调整。

计划生育政策调整的根本原因有二：一是我国计划生育的实行是为了应对人口增长过快而经济生产力水平较低的矛盾，通过对生育的“刹车”和控制人口数量，来缓解人口和发展的紧张关系。而随着改革开放以后中国经济快速增长，人口和发展的不平衡关系已经逐步缓解。二是在经济社会发展的过程中，以及伴随着计划生育政策的干预，我国很快完成了人口转变。90 年代以后，我国人口的生育水平已经降低到更替水平以下。在 21 世纪以来，我国完成了人口转变，进入低出生率、低死亡率的现代人口再生产状态。那么，以独生子女为核心的降低生育率和人口总量控制的任务已经完成，生育政策需要发生改变，需要应对后人口转变时期的人口格局和未来人口变动，实现人口变动的内在均衡，以及保持中长期人口变动和国家发展之间的良好关系。

如果说在“人口转变”时期考虑的是通过降低生育率来控制人口增长、收获人口结构红利，那么在“后人口转变时期”，人口变动的态势和人口问题的特点都发生了变化，则需要担心长期低生育率带来的社会经济问题。因此，进入后人口转变时期以后，我国逐步改革计划生育政策，从分区域全面实行“双独二

孩”，到2013年底以后执行“单独二孩”，2016年以后开始实行“全面二孩”。

“全面二孩”政策实施后，从公布的基础数据看，卫生部门公布2016年出生人口数量是1846万，统计部门根据千分之一人口抽样调查数据推算2016年我国出生人口数为1789万。“全面二孩”政策后比2014年实施“单独二孩”政策以前的每年出生人口增加200万左右。生育政策改变对于生育增长的效果实际上是不高的，基本上是低于学界和政府关于“全面二孩”政策调整后对生育增长影响的主要测算结果。

而且，我们还不能简单地认为“全面二孩”政策的实施效果就是每年新增了200万出生人口。因为按照笔者的研究[①]，1986—1990年在1962—1970年出生高峰推移的影响下，每年出生人口本身就比之前年份升高较多。六普数据显示，我国女性的平均生育年龄是29.13岁，那么人口在2014—2019年左右，由于人口队列推移的影响，年度人口出生数就理应比之前若干年份有一定的增加。因此即使不考虑“单独二孩”和“全面二孩”政策变化的影响，我国的年出生人口数量在“十三五”时期也会有一定提高。2014年以后年出生人口数量的“增长的波”比预想的更低，进一步说明了80年代以后新出生人口队列的生育水平有显著下降，同时也提醒不应将2016年及未来2—3年出生人口增长完全归因于“全面二孩”政策的生育效应，以及不必因为2016和未来2—3年出生人口数量会有一定增长而过分担忧，避免将队列推移效应带来的生育反弹过度归因于生育政策调整所带来的生育

① 参见任远：《“单独二孩”实施效果与改革策略”》，《探索与争鸣》2015年第2期，第54—56页。

波动。总体上看，“全面二孩”政策实施后对于生育水平的影响是较低的，我国人口已经进入了稳定的低生育率的时代。而长期的低生育率对于我国中长期的人口和发展的协调发展，会带来一些负面影响，例如其人口结构将增加老龄化和社会抚养的压力，恶化社会保险基金平衡，以及从长期上带来劳动年龄人口比重的下降等。

“全面二孩”政策实施以后仍然维持的低生育水平，也说明人们的生育观念确实发生了变化。人们的生育意愿本身就处于低生育水平，按照侯佳伟等对1980—2011年间我国227项关于人口生育意愿的研究①，2000年以后我国人口的平均理想子女数基本在1.6—1.8之间，人们的生育行为则保持在更低的水平。在长期低生育率文化和社会经济发展的外部环境影响下，“独生子女文化”已经被认为是“现代的”，并且现代性所支持的个人主义、物质主义进一步强化低生育乃至不生育的生活方式。贝克尔所说的生育的成本效益分析能够很好地解释当前我国人口低生育率的现象，例如极高的教育成本、托育托幼成本，家庭养老的压力，以及女性劳动力市场参与率对生育具有挤压作用等。而“全面二孩”政策后的低生育水平可能还有另外一个原因，就是伊斯特林所说的相对收入假设。考虑到近年来的经济增长放缓、生活成本的迅速提高（特别是住房成本），相对于20世纪50—70年代出生人口在改革过程中的财富膨胀效应，2010年后经济增长速度放缓、青年人口财富积累困难，以及对未来发展不确定性的预期，可能也会进一步削弱人们的生育意愿和生育行为。

① 参见侯佳伟、黄四林、辛自强、孙铃、张红川、窦东徽：《中国人口生育意愿变迁：1980—2011》，《中国社会科学》2014年第4期，第79—97页。

在“看不见的手”[①]的影响下，从90年代后期以来，社会经济因素已经越来越对我国生育率下降发挥主要作用，生育政策因素对于总体生育水平下降的作用逐步下降，以至于可以认为，21世纪以来生育政策对于生育水平的下降几乎是不起作用的。因此，生育政策向“单独二孩”和“全面二孩”，乃至“全面放开、自主生育”的放松，对人口的生育水平实际上不会发生太大的影响。“全面二孩”政策实施以后的持续低生育水平，说明对生育数量进行直接行政干预的政策对于人口生育行为的干预效果已并不显著，人口的生育行为更主要受到社会经济因素的影响。对于人口生育行为的调控和引导，也越来越需要依赖间接的和综合的社会经济政策发挥作用。

二、向“全面放开、自主生育”过渡

虽然“全面二孩”政策总体上是一个导向于提高生育率的政策，但是应该将“全面二孩”政策放在进入后人口转变时期我国计划生育政策变化的历程中来理解，其本质只能是生育政策限制的放宽，并不能将其理解为鼓励生育的政策。

一方面，“全面二孩”强调“多一点生育”对于国家人口和发展长期均衡是有积极作用的；另一方面，“多一点生育”仍然被认为不利于国家人口大局和长远发展，对不符合政策，或者未得到计划准许的三孩生育仍然需要加以限制。一方面，“全面二

① 参见，Demeny, Paul (1986) Population and the Invisible Hand. *Demography.* Vol. 23, No. 4 (November, 1986), pp. 473—487。

孩”强调家庭夫妇具有生育二孩的权利，而另一方面，夫妇的生育权利仍然是有数量限制的，对违反计划生育的家庭，仍然要通过缴纳社会抚养费等方式进行惩罚。

在这样两面性的生育政策下，基层政府对于生育政策的定位和执行就出现了模糊形态。在一些低生育率和超低生育率的城市地区，以及劳动力资源已经开始出现紧缺的地区，逐步认为“全面二孩”的目的是支持生育和提高生育率；而在一些文化传统较强且生育率较高的地区，以及就业和经济发展水平相对落后的地区，则认为“全面二孩”在于强调仍然需要继续控制人口的快速增长和避免人口增长的压力，因此继续坚持认为“一票否决”和征收违规生育的社会抚养费是必要的。

因此，从我国生育政策历史变迁的角度理解“全面二孩”，其作用还并非在于鼓励生育，其积极意义在于逐步放松对家庭生育的行政干预控制，逐步使生育回归家庭生育和生活常态。

生育政策的改革方向，应使生育回归家庭生育和生活的常态，也就是将生育权利回归家庭，由家庭夫妇决定生育的行为。政府不是通过行政手段直接干预家庭生育，而是通过公共服务和社会政策，服务、引导和调节家庭生育行为。① 我国的计划生育通过行政计划的手段干预人口生育行为，在 20 世纪 60—80 年代其存在是可以理解的，不仅是因为其内生于计划经济体制，经济社会运行的计划体制内在地决定了人口管理的执行机制，而且因为缺乏德姆尼（Paul Demeny）所说的“看不见的手”对人类生育

① 参见任远：《人口政策的改革方向：回归公共政策的基本定位》,《社会科学报》2013 年 1 月 17 日。

的调节。依托行政管控的计划生育具有执行的效率，对于有效推动人口和计划生育项目的实施，对于提高妇女健康、促进中国人口转变和实现人口和发展的有效协调发挥了积极作用。但是，随着社会主义市场经济体制的建立，社会经济发展对于人口生育行为的影响作用就越来越显著，推动了生育率的下降。人口的生育意愿和生育水平已经显著地降低，计划生育政策的数量管制作用已经下降，计划生育主要成为对若干希望生育多胎人口的家庭的限制性政策。

因此，对“全面二孩”政策的执行效果进行讨论，与其说其对生育水平提高带来了多大的影响，不如说使生育政策逐步回归于对生育的公共服务和人民选择的公共政策。我们可以看到，由于实施了“全面二孩”政策，社会矛盾也得到了缓解。这也说明了社会力量是推动改革的根本动力，通过改革能够更好地满足人民的需求，并构建和谐良好的社会环境。

基本的结论是，“全面二孩”政策以后补偿性的生育增长并没有带来较大幅度的人口出生反弹，而“全面二孩”政策后的出生数量增长对于医疗和公共服务体系的压力也比预想的要低。生育政策调整后仍然继续保持着人口低生育率，也说明以数量管控为内容的生育政策本身，对人口生育水平的影响已经非常之低，甚至可以说不存在了。那么，国家的计划生育政策就有必要着手考虑取消行政性的生育数量管控，加快为生育政策的“全面放开、自主生育”进行准备，包括舆论准备、社会抚养费制度执行方向和执行力度的调整，以及对相关计划生育法规制度进行调整等，甚至可以在一些地区可以试点全面放开。

三、生育配套服务和社会支持

“全面二孩”同时内生出一系列家庭生育的风险挑战和社会需求。如果说“全面二孩”后新增的生育是可以承受的，那么主要的挑战将并不在于产科和医疗卫生服务的供给能力。“全面二孩”后突出的压力在于，“全面二孩”后孕产妇群体的年龄结构和生育人群结构发生变化，高龄孕产妇的健康风险提高，特别是第一胎剖宫产的母亲再次妊娠的健康风险更高。根据统计，有瘢痕子宫的妇女再次妊娠时，有98%的可能性仍通过剖宫产分娩。而瘢痕子宫再妊娠会显著增加前置胎盘、产后出血、子宫破裂乃至胎儿死亡的发生风险。[①]因此，在“全面二孩”政策的背景下，高危复杂妊娠的压力会更大，要求建立成熟完善的应急体系和医疗技术服务，才能强化母婴保健和孕产妇围产期健康。高龄孕产妇人口比重增加，也会加剧人口出生缺陷等胎儿和婴儿健康问题。

“全面二孩”政策不仅意味着母婴的健康风险及需要加强妇幼保健服务，也加剧了女性发展和工作家庭平衡的社会风险。“全面二孩”有可能会进一步增加女性在劳动力市场的歧视，可能不利于女性的平等就业和职业发展。在家庭生活中，女性客观上仍然承担着家庭劳务和家庭再生产的主体责任。因此，女性的家庭再生产和日益提高的女性就业压力，对于女性发展构成了“双重

---

① 参见《全面二孩，“再来一刀”风险有多高》，2017年2月7日，《科技日报》，http://tech.163.com/17/0207/04/CCL6B3O700097U81.html。

的负担”。这种工作和家庭的压力，一方面限制了女性的生育意愿和生育行为；在另一方面，以女性为主体的家庭劳务分工的体制反映在劳动力市场上，则会增加女性的就业弱势。这一点已经从劳动力市场上女性的就业情形表现出来。女性更高的家庭负担使女性在劳动力市场的平等就业和平等发展机会受到影响，甚至在一些企业中，还采取各种潜规则要求女性在就业的某段时期内不能生育。女性更高的教育程度的一种解释在于，正是由于女性在劳动力市场的相对弱势地位，使得女性不得不通过更高的教育程度来增强其劳动力市场的竞争力。

如果以女性为中心的家庭劳务安排与社会文化体系并没有得到充分的改变，那么实施“全面二孩”政策实际上并不能显著提高女性的生育意愿，同时“全面二孩”政策以后女性的生育行为增加，则会对她们自身发展产生更显著的不利影响。用工单位会在招聘和人力资源管理中将进一步衡量女性孕产假成本、哺乳假期等“性别因素”，从而影响女性的劳动力市场就业能力和女性在职业生涯中的晋升发展机会。女性在家庭生产中的时间和劳动投入更多，也会造成其在劳动力市场上的人力资本损耗，从而对女性性别平等的发展产生不利影响。

因此，作为“全面二孩”政策配套和社会支持的重要组成部分，需要改变女性中心主义的家庭生活模式，从而不仅实现在劳动力市场上的社会性别平等，也需要促进在家庭家务生活中的男女性别平等。通过更多的男性参与家庭劳务，以及配偶陪产假制度等，增加夫妇对于生育过程中家庭劳务的共同承担，减少女性在家庭生活中的时间投入。

生育政策应该为家庭生育提供服务和配置支持。其中包括更为丰富的0—3岁托育早教服务和社会化的儿童托育托幼，支持家庭教育、加强儿童照顾和教育的公共服务供给能力，这将有助于减少妇女的家庭生活负担，降低家庭生育的成本，以及支持家庭的发展能力。

只有避免由于生育造成的女性在家庭生活和劳动力市场上的地位弱化，才能为更好地实施"全面二孩"政策构建良好的社会环境，从而将"全面二孩"政策的实施和促进女性发展、构筑生育友好型的社会有机衔接。

因此，实施"全面二孩"政策的着眼点，不是关注于提倡让家庭夫妇去生育二孩，而应该是对希望生育二孩（包括希望生育一孩）的家庭提供各种必要的医学和社会服务，以及服务于"全面二孩"后出现的生殖医疗服务、母婴保健、托育服务、女性工作和家庭平衡等健康和社会发展问题，从而提高家庭发展能力和家庭生活的福利。在这个过程中，将会有利于改变家庭生育的成本和收益的预期，并有可能增加家庭的生育意愿和生育行为。

"全面二孩"政策的实施，意味着我国的计划生育政策进入了一个新时期：一是"转变方向"，从控制生育为导向的生育政策转向某种意义上的鼓励生育；第二是"转变体制"，进一步放松对生育数量的行政调控和数量管控的生育管理，逐步向"全面放开、自主生育"的生育制度转型过渡；三是"转变内容"，计划生育管理和服务工作需要从管理到服务，从以对家庭生育行为的管控为主，向完善家庭生育的公共服务配套和社会支持进行转变。这也意味着，"全面二孩"政策不应是我国生育政策改革的完成，而是生育政策转变的一个过渡阶段。展望未来的生育政策继续改革，要求国家的计划生育制度和工作内容加快发展转型，从而使生育和家庭公共管理能够更好地保障人口的健康和福利、有利于中长期人口变动和发展的平衡，以及增强对家庭发展能力的支持。

第四章　计划生育制度的转型发展

我国的生育率转变已经完成，进入了长期低生育率的状态。21世纪第二个十年以来，我国逐步实施了从“单独二孩”“全面二孩”及“可以三孩”等生育政策的改革。尽管政策实施后对于提高生育率的效果表现得并不非常显著，但是这些政策改革的结果，却带来了人们的生育意愿已经低于政策生育的现象。侯佳伟等对1980—2011年间生育意愿研究进行综述，归纳出我国人口的生育意愿在1.6—1.8之间。[①]生育政策改革以后，政策生育率开始高于人口意愿生育率，在这种情况下，生育政策的导向开始从控制生育率转变为提高生育率。

但是，对我国生育政策的转变来说，其核心并不在于放宽还是收紧关于家庭能够生育多少子女的规定，以及并不在于其实施目的是为了降低生育率或提高生育率，我们需要对计划生育制

---

① 参见侯佳伟等:《中国人口生育意愿变迁: 1980—2011》,《中国社会科学》2014年第4期。

度的转型发展、未来走向进行思考，从而彻底厘清“计划生育向何处去”的问题。本文着力讨论我国计划生育制度未来发展的方向，在此基础上提出新时期我国需要实施“新计划生育”制度的改革。本文介绍了“新计划生育”制度的基本框架，以及如何实现计划生育制度的转型发展。

一、计划生育制度的核心特点和基本框架

（一）计划生育制度的核心特点

中国的计划生育制度应该被看作是二战以后全球兴起的家庭计划（Family Planning）社会运动的组成部分。但是与对家庭生育提供干预和服务的家庭计划不同，中国的计划生育内嵌于计划体制而产生，目的是实现“有计划地生育”[①]，实现有计划按比例的人类自身的生产和再生产，并通过行政性手段和政策规定对家庭生育行为进行直接调控。我国计划生育的提出和形成是内生于计划体制，其在实施方式上又重视依靠行政手段来实施，例如采取“一票否决制”的工作安排，进一步带来计划生育制度行政执行的自我强化。无论是实行“独生子女”政策，还是“单独两孩”“全面两孩”等，都是行政性地对人们生育行为进行管理调控的政策安排。

我国的计划生育制度具有很强的行政管理的特点，这样的计划生育执行模式是有历史原因的。计划生育管理制度的形成是在

① 参见梁中堂:《中国计划生育政策史论》，中国发展出版社 2014 年版。

20世纪50—60年代，内生于计划体制之中。站在当下批评计划生育忽视了人们的生育权利或者具有强行政干预的偏差，是缺乏历史性地看待问题的态度。在缺乏市场机制的外部环境下，德姆尼所说的影响生育率变动的“看不见的手”[①]并不存在。促进生育率转变缺乏经济调节机制，生育控制客观上只能采用行政安排的办法。或者是，因为发展中国家工业化和城镇化发展水平不足，生育率不像工业化国家那样会自发降下来，所以才需要政策外力作用。[②]直到80年代改革开放以后，特别是在90年代确立建设社会主义市场经济体制以来，我国的计划生育开始综合利用社会经济机制、完善奖励扶助手段，来调节人们的生育行为。总体上看，我国的计划生育制度以行政性生育调控安排作为政策实施的基础手段。

我国计划生育制度建立以后的第二个特点，是以降低生育率和控制人口增长作为计划生育的基本指向。从50年代后期开始，知识界对中国人口过快增长非常担忧。60年代人口与发展矛盾突出，进一步强化了控制人口总量增长的要求。在70年代以前，我国已经出现了死亡率下降驱动的人口转变，但是生育率直到70年代以后才开始下降。70年代以前的总和生育率基本在6—7的水平上。死亡率下降和生育率维持较高水平，带来人口自然增长率快速提高，推动人口总量的膨胀。因此新中国实施计划生育的基本目标指向是：降低生育率和控制人口增长。

西方人口转变理论的引入强化了降低生育率和促进发展的内在关联，80年代“人口红利”理论的提出，进一步凸显出生育率

① 参见Paul Demeny, Population and the invisible hand. *Demography*, 1986, 23 (4)。

② 参见邬沧萍：《发达国家和发展中国家生育率转变的特点和条件》，《人口研究》1982年第1期。

下降的积极意义。生育率下降带来的劳动年龄人口比重增长，被认为是“人口红利”，成为中国经济起飞的积极因素。而“少生快富”则在广泛宣传下深入人心。计划生育被认为是经济社会发展的法宝，计划生育也被写入宪法作为国家的基本国策。可以说，计划生育伴随着我国的人口转变过程得到制度化确立，并成为我国实现人口转变的制度工具。降低生育率和控制人口增长是我国70年代以来计划生育制度的基本共识和政策目标。计划生育确实发挥了降低生育率和控制人口增长的效果，这可以从我国“超前的人口转变”和“快速的人口转变”表现出来。[①] 但是说计划生育40多年来使我国少生了4亿人[②]，这样的说法却未必站得住脚。因为，实际上即使不实施计划生育，按照世界不同国家社会经济发展将会带来生育水平下降的内在规律，我国的生育率水平也会下降。计划生育政策因素对于生育率水平的影响越来越小，相对于70—80年代发挥着主导作用，到了90年代以后社会经济发展发挥的作用已经更为重要。[③] 但是仍然不应否认，在1970—2000年这段时期，计划生育政策和人口转变的发展态势存在内在的契合，对于促进人口转变，以及协调人口与发展关系发挥了积极作用。

回顾历史，我国的计划生育制度有两个基本的核心，一是内生于计划体制，利用行政性手段来对人们生育进行直接管控；二是伴生于人口转变，计划生育政策的实施以降低生育率和控制人

---

① 参见任远：《从降低生育率到稳定低生育率：自然负增长背景下的生育率影响因素及生育管理研究》,《市场与人口分析》2004年第1期。

② 参见“卫计委：计划生育40年中国少生4亿多人”，引自人民网，http://society.people.com.cn/n/2014/0710/c1008-25264629.html，2014年7月10日。

③ 参见陈卫：《“发展-计划生育-生育率”的动态关系：中国省级数据再考察》,《人口研究》2005年第1期。

口增长为基本目的。

（二）计划生育制度的基本框架

如果我们归纳50年代末期以来逐步成形的我国计划生育制度的主要框架，可以用图4.1加以表示：

第一，我国的计划生育制度的主要目的是降低生育率和进行人口控制，是实现人口转变的制度工具。

第二，计划生育制度的实施主要依靠行政化政策和生育许可对生育开展直接管理，通过行政政策管理家庭生育的数量和生育的时间间隔。

第三，计划生育制度的内容主要在于卫生健康领域的避孕节育服务、药具技术服务、实施事后补救的人工流产，开展妇幼健康等专业服务。计划生育的专业技术服务，构成了与生育关联的独立的健康服务系统，最初独立于卫生部门之外，目前则基本和国家卫生医疗服务体系实现了内在的整合。

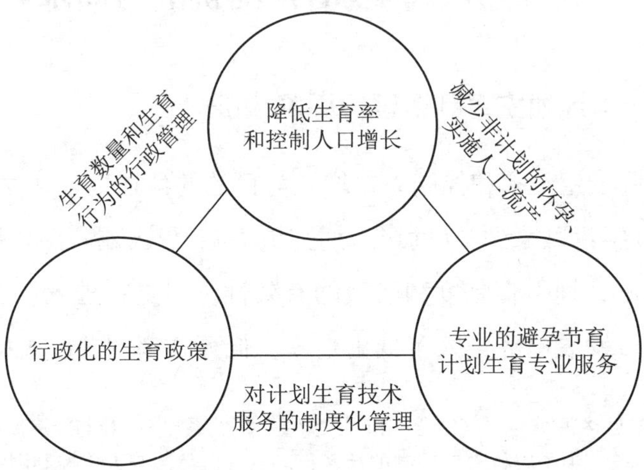

图4.1　计划生育制度的基本框架

当然，我国的计划生育制度和政策实施以来，就一直在进行适应性的调整和改革。80 年代政策开始“放小口”，在一些地区如翼城进行了“两胎化、加间隔”的试点。90 年代开始了计划生育利益导向政策改革，通过“三为主”“三结合”来加强宣传教育、经常性工作、优质服务，开展社区发展和人口控制的一体化。[①]21 世纪以来，我国的生育政策开始逐步取消生育间隔，开始讨论生育政策调整的不同方案，2013 年以后实行一方是独生子女的夫妇可以生育两个孩子的“单独二孩”政策，2016 年初开始实行“全面二孩”政策等。但总体来说，对生育数量的限额控制和生育行为的行政许可管理，仍然是计划生育制度的基本工作模式。计划生育专业技术服务的主要目的是提供避孕节育和生殖健康服务，从而减少未计划的怀孕和生育。计划生育管理部门通过避孕措施的定期检查和出具相关证明，负责管理计划生育技术服务。

二、后人口转变时期的挑战与需求

（一）计划生育制度运行面临挑战

以降低生育率和控制人口增长为目的的计划生育制度，对于我国 70 年代以来到 20 世纪末期完成人口转变发挥了积极作用，这凸显出计划生育制度和政策的有效性。但是在进入 21 世纪以后，人口发展已经进入了低出生率、低死亡率的“后人口转变”

---

① 参见路遇:《论“三结合”和“三为主”的关系》,《人口与经济》1996 年第 1 期；任远:《中国农村人口控制的社区行动：社区发展与人口控制网络试点的经验总结》,《人口研究》1999 年第 4 期。

时期。传统的计划生育制度模式越来越不适应于人口格局的变化，乃至出现日益解体的风险。

第一，在后人口转变时期，以降低生育率和控制人口增长的人口发展目标已经基本完成，人口数量压迫生产力的问题已经基本得到缓解。那么，用行政手段来控制生育就显得完全没有必要，生育政策应该回归人们生育的常态。①

第二，传统的计划生育制度面临解体，还在于随着社会主义市场经济体制的建立、经济生产发展和社会进步，德姆尼所强调的“看不见的手”在日益发挥作用。政府政策对于生育率下降的作用日益减弱，社会经济发展对于生育率下降的作用更加显著，以至于到了后人口转变时期以后，生育政策对于生育率下降基本不起作用。

第三，在生育率已经到了低生育率时期，计划生育技术服务以避孕节育为主要功能的状况出现变化。人口群体对避孕节育和生殖健康服务需求的多样性日益提高，对避免出生缺陷和提高生育托育的需求日益提高。生育和生殖健康的医学服务性日益增长，使计划生育技术服务更紧密地和卫生医疗与人口健康服务相结合。

同时，传统的计划生育制度，也面临三重基本挑战。

一是行政性主导的计划生育的具体实施，遇到居民日益增长的生育和生殖健康权利诉求的挑战。传统计划生育执行模式和人口基本生育权利的内在冲突表现得非常显著。

二是依靠行政手段来进行生育管理的方式，在社会主义市场

① 参见左学金、杨晓萍：《生育政策调整势在必行》，《中国改革》2010 年第 5 期。

经济体制下遇到不断发展的新公共管理和新公共服务的挑战。政府对于公共事务的管理和治理模式在探索进步，要求突破政府由上到下的行政命令和统合管制的模式。日益增强的公共管理和治理模式的发展，要求超越简单依靠行政措施的生育行政管理。“一刀切”的生育政策难以适应人口的多样性和需求的多样性，同时社会经济发展对于生育意愿、生育行为的影响更加显著，这也迫切要求人口政策采取多样的政策工具来统筹解决人口问题。

三是依靠地方政府的计划生育证件管理和避孕节育技术服务，在社会变迁中面临人口流动性和家庭变迁的挑战。家庭类型、家庭结构和家庭生活方式发生显著变化。虽然非婚生育仍然是极少的现象，但是非婚和婚前的同居现象、非婚的性行为表现得更加普遍。城乡和区域之间出现显著的人口迁移流动，增加了基于属地的人口和计划生育管理服务的难度。

（二）计划生育制度转型发展的需求

后人口转变时期我国计划生育发展改革的滞后，表现在计划生育政策改革的滞后。生育政策不能适应长期低生育的现状，甚至有可能进入不断强化的“低生育率陷阱”。对此问题，我国的生育政策开始了调整变化，从独生子女政策调整到“单独二孩”和“全面二孩”等。在实施了“全面二孩”政策后，补偿性的生育反弹并没有出现。为了避免1986—1990年人口出生高峰的推移效应，我国的计划生育政策可以向“全面放开，自主生育”[①]转变。并且，为了应对长期性的人口老龄化失衡和劳动力总量下降过快

① 参见任远：《单独二孩实施效果和改革策略》，《探索与争鸣》2015年第2期。

的问题，生育政策目标表现出从稳定低生育水平，转变为适度提高生育率水平，促进实现人口长期均衡。

中国计划生育的改革发展，不仅需要重视生育政策的改革，更应该重视生育制度的转型发展。传统计划生育制度无论是从制度目标、执行方式、具体内容，以及其制度的具体运行过程，都开始表现出相应的滞后。我国逐步建立的计划生育制度，越来越表现出不能适应后人口转变时期的具体国情，并表现得越来越不适应人口与发展的中长期发展平衡的目标，越来越不适应人民群众的需求，越来越不适应于社会主义市场经济体制的运行环境。计划生育制度的转型发展，是人口发展进入新的历史时期需要探索完成的重大改革任务。

三、“新计划生育”的基本框架和原则

（一）“新计划生育”制度的基本框架

在人口发展进入后人口转变时期，以及在社会主义市场经济体制逐步建立以后，“计划生育向何处去”这个问题开始凸显出来。计划生育制度的转型发展已经引起很多学者的关注和讨论，他们提出计划生育工作应该向生殖健康转型，服务人群要拓展、服务方式要转变、服务质量要提高。[①] 笔者曾经提出“计划生育已经完成过渡期任务……，应实现‘计划生育’向‘家庭计划’

① 参见顾宝昌：《经济新常态下的计划生育工作转型》，《人口和社会》2015 年第 3 期。

的改变”①。陈友华也提出应尽快实现由计划生育向家庭计划的历史性转变，并提出计划生育机构改革的具体建议。② 也有很多社会讨论（特别是网络舆论）认为要取消计划生育。

应该说，计划生育制度转型发展的基本方向正逐步形成共识。其制度演化的内在逻辑是，计划生育应该顺应人口形势变化，顺应社会经济发展环境和制度环境变化，通过转型发展建设一个以家庭计划为基本定位的“新计划生育”。“新计划生育”正逐步构建全新的基本框架，包括以下几个方面（图 4.2）：

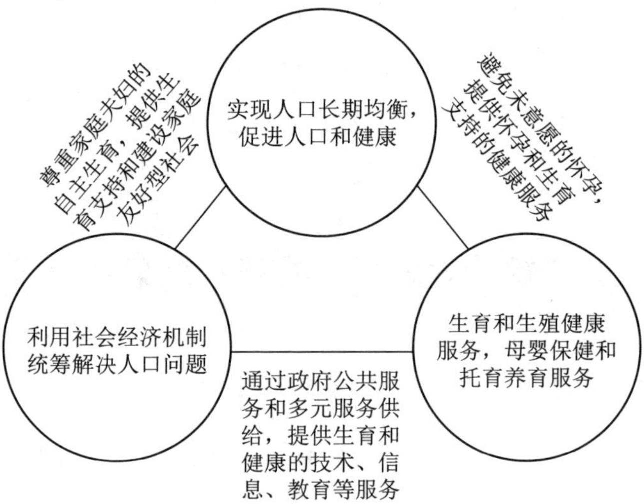

图 4.2 “新计划生育”制度的基本框架

第一，后人口转变时期“新计划生育”制度的基本目标是实现人口长期均衡，并服务于人口健康。

① 参见任远：《单独二孩实施效果和改革策略》，《探索与争鸣》2015 年第 2 期。

② 陈友华：《计划生育：从机构改革到转型发展》，《人口和社会》2015 年第 2 期。

随着人口发展完成了人口转变，生产力水平较低、人口数量过多和人口增长过快的不平衡关系已经得到缓解。在人口与发展关系上开始转向另一面，就是生育率已经降低到极低的水平，并且可能自我强化形成“生育率陷阱”，人口发展出现内在萎缩的危险。与此同时，长期的低生育率水平和随之而来的人口总量下降、劳动力数量下降、人口老龄化加快，形成人口与发展的新的失衡，制约了生产力的充分提升。因此，人口转变时期的计划生育的基本任务已经完成，人口数量过多已经不是人口发展的核心问题。人口政策应该更加重视人口结构和人口素质。而且从促进人口长期均衡的角度来说，支持生育水平有所回升，会更有利于使人口发展逐步过渡到一个相对常态均衡的可持续模式。计划生育制度作为国家人口政策的重要内容应该调整其工作的目标，需要从控制人口增长转变为实现人口长期均衡，为人口健康服务。

第二，“新计划生育”的工作方式，应从行政性的生育管控过渡到综合利用社会经济机制统筹解决人口问题。

如果说传统计划生育工作强调行政性的生育政策来管控家庭的生育行为，在社会主义市场经济体制下，无论是“单独二孩”，还是“全面二孩”，对于人口的整体生育水平的影响都变得更不显著。而继续“一刀切”的生育管控可能还会损害具体家庭的需求和福利。有的人口群体希望生育 2 个子女、3 个子女甚至多个子女，有的人口群体选择丁克、不婚或者不育，这都是很正常的。人口政策应该适应人口多样化的需求和选择，并支持和满足人口多样化的需求和选择。不仅要服务于不希望生育、希望避孕节育的家庭，也需要服务于希望生育的家庭。生育政策应该尊重人民群众自身的自主选择，实现自主生育，努力支持不同群体多样化的生育需求。

相对于直接干预的行政管控，生育管理以依靠社会经济机制为主，间接地调整生育的成本，并进而影响家庭生育决策和生育行为。具体的途径包括：增强对女性的就业支持、提高女性的教育水平、提高女性地位和性别平等，从而实现工作和家庭关系的协调，增强生育和抚育的社会支持。特别是增强对婴幼儿托育照料，延长带薪休假、产假，实行陪产假制度，促进女性的弹性工作、开展社会保险等。通过这些手段，使得对于生育行为直接管控的生育政策，逐步转变成为对家庭夫妇的生育提供社会支持，促进家庭发展能力和家庭福利的家庭友好政策。

第三，“新计划生育”工作的内容是促进生育和生殖健康，重视母婴保健和托育养育服务。

“新计划生育”仍然强调提供避孕和节育服务，但其目的不是为了控制生育，而是满足人口自觉的避孕和节育需求，在避孕和节育技术服务上仍然存在未满足的需求。计划生育服务仍然要提供自主知情选择的生育避孕节育服务，从而避免“未意愿的怀孕”。

与此同时，控制生育已经不是计划生育的主要任务，计划生育专业服务则更加重视扩展服务，满足不同人口群体多样性的生育和健康服务需求，提供生育和托育服务的支持。“新计划生育”服务需要满足女性的健康需求，提高对女性的生育服务，防止不安全的流产，避免通过性传播的疾病（如艾滋病）。在避孕节育服务之外，计划生育服务同时需要重视生育的健康服务，提供妇幼保健、科学怀孕、孕前优生健康检查，提高人口素质，减少出生缺陷。这种基于生育意愿的生育服务，不仅包括避孕节育，也包括生育支持和辅助生育服务。特别是在“全面二孩”政策以后高龄孕产妇的生育风险增大，计划生育也需要增加对高龄孕产妇的生育支持和健康保护。在社会变迁的过程中，计划生育也应该探索对新的生育需求的支持服务，如单身妈妈的生育、冷冻精子和卵子等生育服务、各种医学和非医学用途的辅助生育等。我国近年来不孕不育症存在上升的趋势，适龄产妇的不孕不育患病率大幅增长。数据显示，国内不孕不育的平均发病率为 12.5%—15%，也就是每 8 对夫妻就有 1 对不孕不育；而中国不孕不育患者人数已超过 5000 万。计划生育在避免“未意愿的怀孕”的同时，也应该要支持“未满足的怀孕”。

原来的计划生育服务相对重视避孕节育、控制人口增长。“新计划生育”则需要同时重视满足避孕和生育的需求，重视健康服务，在避孕节育服务的同时，提高对生育的辅助支持和健康风险的干预。这要求计划生育工作仍然有必要加强卫生机构的建设、加强生育和健康专业技术的研发和应用、加强专业人才的培养等。

此外，在“新计划生育”的人口健康服务中，不仅要关注女性，同时要关注男性的生育健康和生育服务。生育问题很大程度上被认为是妇女问题。生育率的计算、家庭计划的支持，以及通过妇女教育和妇女就业来塑造生育率转变的社会经济机制，计划生育政策和服务很大程度上是女性为中心的。这显然有助于女性地位的提高和性别平等。然而，在计划生育过程中实际上并没有做到男女平等，而是忽略了男性责任和男性赋权。在计划生育问题上男性生育服务、健康服务，以及计划生育过程中的男性参与并没有受到足够的关注。例如男性在各个年龄组的死亡率更高，这似乎被认为是一种理所当然的自然规律，但是这也说明降低男性死亡率和增进男性健康问题实际上是一个有必要推动的工作。如果男性死亡率能够降低，老年人口性别比就能相对平衡并有利于一个性别更加平等的社会。另外，在家庭生活和发展过程中，男性的养育参与也有利于降低家庭子女抚育的压力，一定程度上也有利于家庭的和谐和子女成长。因此，提高男性在配偶生育期间的陪产假政策，也是有利于生育的社会福利制度安排。在生育文化的塑造中，我们强调通过教育形成现代女性，但是同时也需要教育男性形成正确的性、健康和生育的知识，形成正确的家庭关系和生活方式，这是塑造现代家庭文化和增强家庭能力的两个侧面。现在的问题不是女性要“性别主流化”，而是男性需要在家庭计划过程中深度参与，这才会有利于社会的和谐和男女的平等进步。

（二）“新计划生育”制度的基本原则

在“新计划生育”的基本框架下，计划生育工作的运行需要坚持三个原则：

一是通过社会经济政策来支持家庭夫妇的自主生育，避免后人口转变时期生育率的大幅波动，促进实现国家生育水平的稳定和可持续性。提供生育支持，促进工作和家庭的平衡，建设家庭友好型社会。在长期低生育率的情况下，实行鼓励生育的社会配套政策。

二是继续加强专业的生育和生殖健康服务，避免“未意愿的怀孕”，以及提供对“未满足的怀孕”的服务，其目的在于促进母婴的健康和提高人口素质。

三是计划生育需要从行政管理向公共服务和公共管理转变，后人口转变时期的计划生育仍然应该是重要的基本公共服务内容，需要公共财政的支持。除了政府职能部门的管理和服务，需要强化计划生育协会作用，也通过专业性社会机构和市场机构的参与，来共同提高人口的健康和教育水平。

四、“新计划生育”转型发展的路径

（一）扬弃性地发展计划生育

后人口转变时期的人口变动和社会主义市场经济体制环境的变化，内在推动计划生育制度的转型发展。这意味着在国家发展进入新的历史时期，我国的计划生育制度也需要进行系统的改革和完善。简单地提出“抛弃计划生育”未必是合理的，实际上这种“抛弃”也不利于合理界定我国计划生育制度的历史定位，不利于人民群众的公共服务和家庭福祉。我国计划生育制度转型发展的改革路径，需要强化以“家庭计划”为本位的计划生育，扬弃性地发展计划生育，实现计划生育制度的更新。

第一，“新计划生育”是指中国的计划生育制度通过转型发展回归到世界家庭计划工作的主流。国际社会的家庭计划，发端于 19 世纪末期以后提倡避孕节育和生育控制，以及提倡优生的实施。特别是在 20 世纪中期以后，为应对全球人口爆炸，通过实行家庭计划项目、提供避孕节育服务，家庭计划成为全球的社会运动。所谓家庭计划，综合国际计划生育联合会和世界卫生组织的定义，是为家庭和夫妇提供信息服务和技术服务，促进其理性的生育决策、生育间隔和生育时间，提高个体的健康水平，减少不合法的避孕、婴儿死亡率以及经性行为传播的疾病，防止未意愿的怀孕。家庭计划以女性和其生育决策作为工作的核心，重视对女性的赋权和生育自主决定。人口的生育行为受到一系列外在因素（包括婚姻状况、就业、经济状况、健康状况等）的影响。家庭计划的内容包括避孕套的使用，以及通过其他方式控制生育的时间、性教育、预先计划的咨询和对不孕不育的管理等等。

国际社会的家庭计划和中国的计划生育有密切的关联，都强调通过提供避孕服务来降低生育率，我国的计划生育本身就是全球家庭计划社会运动的组成部分。但是与尊重家庭的生育理性和生育权利，强调对家庭生育行为进行指导服务和间接干预不同，如前所述，我国的计划生育具有很强的行政性和对生育行为的直接调控。中国计划生育在后人口转变时期的工作内容、工作方式、工作目标的转型和实践，仍然会具有中国社会的特色，也意味着中国基于其具体实践对国际社会家庭计划的进一步丰富和探索。

第二，“新计划生育”强调我国的计划生育制度本身应在社会经济环境变化、人口格局变动下进行适应性的改革完善。中国的计划生育制度从 20 世纪 50—60 年代逐步成型，通过制度化和法制化得到构建，其未来的转型发展存在改革的路径依赖和制度变迁的连续性问题。

第三，“新计划生育”强调国家计划生育职能部门和人口公共管理部门需要负责任地对80年代实施严格的计划生育政策以后所带来的一些副产品和负面影响提供补偿性的公共服务。例如，对失独家庭、残独家庭的社会扶助，对计划生育家庭的养老问题、计划生育家庭的妇女健康损害等问题提供必要的公共服务和公共支持。“新计划生育”意味着需要对过去计划生育制度和政策实施的影响，承担延续性的责任，而政府责任也是现代国家治理的基本要求。

“新计划生育”需要重视对计划生育所产生影响的一些社会问题提供公共支持，其实质也在于，如果说计划生育工作促进了人口转变，带来了积极的人口红利，那么需要将部分“人口红利”投资于、服务于人口本身和人口过程。因此，政府有责任积极处理失独家庭、残独家庭的扶助问题，同时在家庭功能弱化以后，增强对养老、幼托、健康、教育等社会事业和社会支持体系建设。而这些家庭和福利制度建设，本质上也构成对家庭和生育的支持机制，有利于促进形成一个更强的生育、家庭和社会福利体制。

（二）计划生育制度转型发展的具体改革

现在已进入后人口转变时期和长期低生育率的时代，不仅要考虑中国的计划生育政策如何调整和实施与生育相关的社会经济配套改革，现在同时需要思考新时代的计划生育制度如何改革，思考“计划生育向何处去”的问题。

思考后人口转变时期中国计划生育向何处去，首先有必要将旧的计划生育制度框架改造和转型发展成为“新的计划生育”。坚持一种扬弃的态度，破除不适合社会主义市场经济体制和不适合现代社会治理理念的陈旧模式，而继续坚持计划生育本质内容的家庭计划，加强和改进对生育和健康的公共服务。我国正面临着计划生育制度转型发展的迫切任务，作为通过公共力量支持的、对生育行为和生育健康进行指导和服务的家庭计划，仍然是基本公共服务和人民健康利益的保障。计划生育制度的转型发展，不应是简单抛弃计划生育，而是应坚持一种发展中的路径依赖以及在路径依赖下的继续改革。我国未来的“新计划生育”的转型之路，是迫切但需要有序推动的。

其一，需要继续推动生育政策的改革，从“全面二孩”“可以三孩”政策逐步过渡到“全面放开、自主生育”。

其二，从“新计划生育”的基本框架和运营出发，我国的计划生育工作需要加强与生育相配套的社会经济机制和相关社会政策，需要加强计划生育的卫生技术服务的投入，推动技术创新、服务创新，增强公共预算和社会建设，加强对家庭和服务生育服务的公共支持，计划生育工作需要扩展专业性、社会性和普惠性的家庭和生殖健康服务，使得家庭和生育服务能够成为国家公共管理和公共服务的重要组成部分。

计划生育制度作为国家人口政策的重要工具，以及作为列入宪法和基本国策的社会制度，是国家关于生育安排的公共政策，在相关的管理体制和机制上需要相应的改革。具体而言：首先，需要对中国计划生育发展的历史道路有一个整体的理解，也需要对未来计划生育制度转型发展有一个整体的前瞻，使“新计划生育”制度理念和基本架构逐步成为社会共识，从而重新构造社会的共同意愿。其次，需要在“新计划生育”社会共识下，开展对人口和计划生育法律的系统修订。在此过程中，将人口和计划生育法作为民生福祉的保障。在此，需要实施国家和计划生育公共管理的政府职能改革和治理改革。通过新一波的法制化、制度化、机构化的改革实践，重新塑造出“新计划生育”的管理机制和运行机构，来支持符合未来人口与发展长远需求的计划生育制度安排。

其三，我国的计划生育制度的改革完善，不应成为“一个孩子”“两个孩子”“三个孩子”的生育数量的调整改革，而应该看到人们的生育行为和生育意愿本身是多样性的，具有不同的生育需求。计划生育制度应该为不同生育需求的家庭提供服务，从而满足人们的需求，提高人口的健康，使之成为保障家庭生育的权利、尊重和满足人口生育需求、提供生育技术和生育抚育支持的公共服务机制。

新时代计划生育制度转型发展的使命在于，协调微观家庭生育行为和宏观人口环境建设，使计划生育作为基本国策真正能够促进人口和发展的协调，为人民自主生育提供支持服务和支持，并因此提高家庭生活的幸福，提高人口健康，从而使计划生育构造成为人口和家庭福利的支撑，提供人口政策的支持。在这个意义上来看，“新计划生育”将会支持人们对美好生活的需求，并且成为民生福祉的制度保障；而且只有在这个意义上来说，我国计划生育制度的转型发展才会确立起社会的共识和信心，成为新时代人口政策的重要组成部分。

第五章　生育友好的家庭政策

家庭是人类生育和人口再生产的基本载体。人类的生育决策和生育行为，很大程度上受到家庭制度的影响和制约。在现代化过程中人口生育水平的下降，很大程度上是国家和市场力量侵入家庭的结果。生孩子的动力在减弱，家庭的生育功能也在弱化。世界上不少国家和地区都进入了长期低生育率社会。我国在完成人口转变以后，也进入了低生育率的社会。对于生育问题和生育政策的讨论需要转移到家庭政策的关节点上，重新思考家庭的功能，增强家庭的发展能力，思考国家制度和家庭发展的关系，使国家和市场力量向支持家庭、服务家庭转变，并通过完善家庭制度建设、实施有效的家庭政策来加强对人类生育的支持。

生育政策客观上构成家庭政策的组成部分。在低生育率社会中完善人类生育的公共管理，需要从对生育行为进行管理转向家庭政策，才能更好地服务和支持生育，满足家庭和夫妇的生育意愿。本章将首先从理论上论述家庭制度如何成为影响人类生育的基础性社会制度；然后说明在社会变迁过程中，家庭因素对生育决策和生育行为影响及所发生的变化；第三节我们将讨论婚姻家庭出现的一些新现象，以及其如何影响生育；然后在本章的后两个部分进一步扩展对生育和家庭的讨论，提出在低生育率社会下，应通过家庭制度建设来加强对生育的服务和支持，提出应协调家庭政策和生育政策的关系，实施与生育友好兼容的家庭政策。

一、作为生育制度的家庭制度

虽然在第二次人口转变过程中非婚生育有明显增加[①]，但当今社会中，生育的基本载体仍然是家庭。我国的非婚生育水平仍是很低的，而且非婚生育也往往因“奉子成婚”而组成家庭。家庭承担着生殖和抚育的基本功能，家庭制度仍然是人类生育的基础性社会制度。

费孝通在《生育制度》中提出，家庭构成人类生育的基本制度。他认为，家庭制度是保障人类繁衍的制度安排，为了完成对子女的生殖和抚育，人类社会对家庭制度及与其相关联的婚姻制度、亲属制度、财产继承制度等进行整体建构，使人类生育和人口再生产过程得以保证和持续。

马尔萨斯也意识到生育和家庭存在密切联系。其在作为人口研究里程碑的著作《人口原理》中指出：“人口的增殖力无限大

① van de Kaa, Dirk. Is the Second Demographic Transition a Useful Research Concept Questions and Answers. *Vienna Yearbook of Population Research*, 2004, 2.

于土地为人类生产生活资料的能力。”人口增长如果不受到抑制，将会按照几何比率增长，总是会超过生活资料供给的算术比率的增长，这构成了基本的自然法则。而对此的解决办法之一，是强化婚姻家庭制度和晚婚。马尔萨斯提出应明确家庭对子女抚育的责任，提倡家庭夫妇应在具有承担养育子女的能力时进行负责任的生育，通过对婚姻和生育的理性减少生育，从而形成一种预防性的抑制。家庭制度可以达到预防性的抑制，通过降低生育水平控制人口增长，这可以避免通过死亡率上升对人口增长的积极抑制，后者往往表现为流行病、瘟疫、饥荒乃至战争等。

诺贝尔经济学奖获得者贝克尔在《人类行为的经济分析》中认为，人口的生育行为是基于家庭的理性决策，而家庭的生育决策是与生育的成本相联系的。特别是，和家庭收入相关联的生育的比较成本会决定生育决策和生育行为。子女如同家庭的耐用消费品，增加子女意味着减少其他消费。那么，对于家庭生育来说，就存在着收入效应和替代效应。

贝克尔深化了生育子女相对成本的概念，认为在家庭中父母时间价值的增加会提高子女的相对价格，因此随着家庭收入的增加子女数反而减少。子女的成本不仅包括生育和抚育的成本，也包括女性就业带来的市场化的相对工资水平。女性的劳动力市场就业会增加生育的相对成本，也就是提高生育的影子价格。贝克尔关于家庭的时间安排对生育子女的影响也具有启发意义。他提出，家庭劳务时间和工作时间的配置具有相对竞争的关系，由于女性的就业会减少家庭劳务时间，因此会减少家庭生育行为。这些论述和当前学界讨论的工作-家庭平衡具有内在关联。可以说，贝克尔从微观行为经济学的角度构建了家庭学的知识体系，进一步说明家庭制度的经济理性的最优化，是理解人类生育行为和理解人类生育行为变化的因素。

关于家庭制度影响生育行为的理论解释和实证分析是丰富的。不论是认为家庭制度支持着人类的生育，还是家庭制度的建设会避免人类生育的无节制增长，以及家庭制度会影响夫妇的生育决策和生育行为，这些经典论述的基本共识在于，家庭制度是影响人类生育活动和人类再生产的基础性制度。

二、家庭因素对生育的影响

工业革命以后社会经济发展、女性教育程度提高和就业的增长，避孕节育的技术进步和应用，以及婚姻家庭的变化等带动了生育率转变。巴尔博（Nicoletta Balbo）认为影响生育率的因素包括宏观因素、中观因素，以及微观个体和家庭的因素。① 宏观因素包括经济发展趋势、文化价值观的影响和政策措施的实施等；中观因素包括个人的社会网络、伙伴群体的作用，居住环境和生活社区等；同时，个人的社会经济地位、家庭背景、家庭结构和家庭关系等影响着生育决策和生育过程。

基于家庭是人类生育和完成人口再生产的基础性社会制度，家庭因素对生育过程具有丰富的影响，生育本身也是家庭的基本功能。家庭因素对生育的影响首先表现在家庭禀赋的作用，家庭

① Balbo N, Billari FC, Mills M. Fertility in Advanced Societies: A Review of Research: La fécondité dans les sociétés avancées: un examen des recherches. *Eur J Popul*. 2013; 29 (1): 1—38.

资源状况和家庭结构的特点影响人们的生育意愿和生育行为。家庭收入的提高会增加支付生育成本的能力，例如家庭拥有产权住房、家庭居住社区的生活环境和社会支持更充分等，都会对生育意愿具有正向的影响。而家庭成员收入水平更高、教育程度更高，会提高对优生优育的需求，从而发生质量和数量的替代效应。个人的家庭背景会影响其生育意愿和生育行为选择，在一个更小规模家庭中的成长和社会化，会带来代际传递的更低的生育意愿，这被卢茨（Wolfgang Lutz）认为是造成“低生育率陷阱”不断强化的社会机制。① 家庭禀赋的影响表现为社会化过程的影响，因此家庭背景中更高的父母教育程度和更高的社会经济地位，会使家庭更加重视孩子的养育质量并降低孩子数量，也会通过代际传递影响家庭夫妇更低的期望生育数量和生育行为。

家庭影响生育的另一个机制，是家庭内部的劳务分工和性别平等。麦克唐纳（Peter McDonald）较早提出，女性就业的提高会提高女性的社会地位，提高男女平等，并会相应降低生育率。② 安德森（Thomas Anderson）等进一步加以解释，相对于女性制度化的社会性别平等化得到提高，女性在家庭中的性别平等发展相对滞后，而家庭中的性别不平等会带来更低的生育意愿和人口生育率的下降。③ 换言之，当男性参与家庭劳务，提高了家庭内

① Lutz, Wolfgang, Vegard Skirbekk, Maria Rita Testa. The Low-Fertility Trap Hypothesis: Forces that may Lead to Further Postponement and Fewer Births in Europe, *Vienna Yearbook of Population Research*, 2006: 167—192.

② McDonald, Peter, “Gender equity in theories of fertility transition,” *Population and development review*, 26.3 (2000): 427—439.

③ Anderson, Thomas and Hans-Peter Kohler, “Low Fertility, Socioeconomic Development and Gender Equity”, *Population and Development Review*, 41(3): 381—407.

部的性别平等，女性家庭地位得到提高，会有利于构成提高生育意愿和生育水平的反馈机制。家庭内部的性别平等化能够提高人口生育率，这在欧美社会得到较多经验证据的证实，但是许琪等对中国情况的研究发现结果却未必如此。[①] 他发现丈夫的家庭劳务投入对妻子的生育打算没有影响，但是当夫妇不与父母共同居住时，丈夫的家务贡献对于妻子的生育行为则有促进作用。这也说明我国比较普遍的祖辈隔代抚育对丈夫的家庭劳务具有替代效应。

与家庭内部社会性别不平等相关联，女性在家庭劳务中更多的投入会制约其生育意愿和生育行为，这是通过女性面临更显著的工作-家庭冲突来发挥影响的。女性在家庭劳务和社会就业中往往面临双重负担，女性的生育责任和更多的家庭劳务，构成对女性的“母职惩罚”，会不利于女性劳动参与和经济收入，包括不利于女性的长期发展。家庭发展能力不足和激烈的市场竞争相互影响，形成了工作对家庭的压力，或者是家庭对工作的压力，这种工作-家庭冲突会降低生育意愿和生育行为。因此一般认为，超额时间的劳动就业往往会减少生育。但是，也有研究提出，女性的劳动就业并不一定带来生育的下降，因为劳动就业会降低女性的不安全感，反而会带动生育的提高；对于男性来说也是这样，往往是更高的工作预期和更大的职业努力，会增加其支持生育和家庭的能力，或者生育本身会成为男性积极就业的更大动力。也就是说，相对于生育对于女性的劳动力市场参与和经济收入具有母职惩罚，生育往往还会成为增加男性在劳动力市场投

① 参见许琪：《性别公平理论在中国成立吗？——家务劳动分工、隔代养育与女性的生育行为》，《江苏社会科学》2021 年第 4 期，第 47—58 页。

人的激励因素。

家庭对生育的影响还表现在，家庭内部成员之间的相互关系会影响生育。例如摩根（Philip Morgan）认为夫妻的亲密感情会提高生育，特别是第二个孩子的生育。如果将生育作为对家庭的投资，更高的婚姻质量会增加人们对孩子进行投资的动力，而不稳定的婚姻则会减少人们对生育孩子的行为选择。我们近期完成的一项研究[①]也表明，良好的婚姻质量会提高女性的生育意愿，同时也会提高其生育意向的具体实现。也就是说，生育并不仅仅是一个成本和收益的理性计算的结果，“因为爱而生育”或者说“生育是爱情的结晶”这样的一种生育机制是客观存在的。夫妇的生育行为是家庭内部决策的结果，配偶之间的关系会对配偶另一方的生育决策产生影响。在性别不平等状况下，女性依附性较高，会使女性生育行为更加从属于男性的生育意愿，特别是在配偶双方生育意愿并不一致的时候。例如卿石松研究了夫妻生育偏好变化及其相互影响[②]，提出如果丈夫的期望生育水平较高，女性的期望生育水平往往会有所提高；而丈夫的期望生育水平较低，女性的生育水平往往会下降。

总之，家庭因素对生育行为和生育过程的影响是丰富和复杂的，存在着一些综合性的影响。在社会变迁过程中家庭在发生变迁，这表现在家庭规模小型化，家庭结构核心化。家庭结构变动带动家庭关系发生变化，不仅配偶间的关系在发生变化，家庭代

---

① 参见任远、金雁：《婚姻质量对多孩生育意向及生育二孩打算的影响》，《人口学刊》2022 年第 2 期，第 32—43 页。

② 参见卿石松：《夫妻生育偏好变化及其相互影响》，《中国人口科学》2020 年第 5 期，第 106—115 页。

际联系的内容和特点也在变化。家庭内部的劳动分工、时间分配在发生变化，婚姻模式、婚姻质量和家庭的稳定性在发生变化，等等，这些家庭生活的变化都会在人们的生育行为和人口生育水平上表现出来。例如女性教育程度提高、就业增加，增加了生育孩子的机会成本，减少了女性在家庭劳动中的时间分配，并削弱了女性的生育意愿，包括削弱了女性的结婚意愿。女性就业增加促进了社会制度的性别平等化，提高了女性的权利意识和家庭决策能力，减少了女性在家庭中的依附性，这使得女性对控制自身身体和减少生育具有更大的决策权。社会变迁过程中社会保障的发展，也使家庭的生育价值受到削弱，家庭作为生育功能的承载的价值也在削弱。这些都影响着生育率的下降，带来了低生育率社会的自我强化。

在人口转变完成以后，如范德卡（Dirk van de Kaa）对欧美社会所出现的第二次人口转变所表述的那样，家庭结构和功能在继续发生变化。物质主义、个人主义和女性主义思潮继续发展，这将导致结婚率下降、离婚率提高、婚后不育增加、丁克家庭比重增加、婚前或者非婚同居增加、单身家庭比重提高，同时出现了同性家庭、重组家庭等更丰富的家庭类型等，其结果表现为人口生育水平的继续下降。①

在低生育率社会背景下，家庭发生着巨大变迁，家庭的结构、功能、关系和家庭生活内容都在发生变化。但是家庭并没有消失，家庭仍然对生育具有影响，家庭变迁对当代社会持续的人口低生育率具有影响。这种持续走低的生育率一方面表现为家庭

① an de Kaa, Dirk J. “The idea of a second demographic transition in industrialized countries.” *Birth* 35 (2002): 45.

的生育功能在持续削弱，也即人们的生育意愿在持续走低；另一方面我们也意识到，家庭内部的性别不平等、工作-家庭的冲突、家庭禀赋和生育养育社会成本增加等，都造成家庭发展能力不足，从而限制了人们的生育行为。现代社会中的低生育率实际上是在家庭和社会环境具体约束下人们生育行为决策的结果，是薄弱的家庭制度和国家福利制度的共同结果。

低生育率社会下对夫妇的生育行为提供更强的支持，首先需要增强对家庭形成和家庭生活的支持，需要完善家庭制度和增强家庭的发展能力。通过支持家庭的生活，以及不断重构家庭和国家、社会的关系，才能更好地为人们的生育提供支持。例如通过加强托育托幼供给、更加灵活的生育假期等来缓解工作-家庭的冲突，通过男性的陪产假，鼓励男性的家庭劳务参与，增强家庭收入和福利制度等来加强家庭生活福祉，都能够有效支持家庭夫妇的生育和儿童发展。

世界不同地区家庭制度的改革和政策实践也表明，不同类型的家庭政策对生育有着不同的影响。为了适应家庭的变化，更好地满足居民家庭生活的具体需求，需要通过有效的家庭政策、生育政策和福利政策来应对社会变迁对家庭发展带来的挑战，增强家庭的发展能力，并因此更好地支持家庭夫妇的生育。

我们也看到，家庭因素对人们生育行为和生育过程的作用，也具有明显的国情特点，文化和历史在人们的生育行为中发挥着作用。例如我们看到，德国家庭和国家福利制度的特点与北欧国家、南欧国家存在很大不同，不同欧洲国家的福利体制具有不同的类型，在不同福利制度类型下家庭对生育的作用、具体家庭政策的实施结果是不同的。在具体制度、文化背景下，家庭因素对于生育发挥着差别性的影响。例如，与欧美国家的研究结果不同，在我国男性参加家务劳动对女性生育意愿并没有发生显著作用，甚至对男性自身的生育意愿具有负向的影响，这可能是与我国当前相对明显的父权主义文化相联系。在我国家庭中更为突出的祖辈隔代抚育，对女性生育意愿的影响更明显。近期我们开展的一些研究也表明，无论是男性还是女性，较长的劳动时间并不必然会增加工作-家庭冲突，而是会增强家庭的经济保障和发展能力，反而会提高家庭的生育意愿和生育行为。可见，在家庭因素和生育行为影响的背后，存在着明显的具体国情、制度和文化的特殊性，因此我们有必要根据我国不同群体的具体家庭生活和我国城乡居民家庭生育过程中面临的具体需求，来完善我国的家庭和生育政策。

三、婚姻家庭的变化和生育

社会变迁过程中婚姻家庭不断发生深刻的变化，改变着家庭和社会生活的特点和面貌。范德卡等提出“第二次人口转变”的观点，认为随着现代性和个人主义的进一步发展，会出现人口的结婚率下降、结婚时间推迟、离婚率上升、再婚和同居情况更加普遍，以及一些新的生活联合体形态等现象。家庭形态、结构和功能都在发生变化，一些新的家庭类型出现，如单身家庭、离异家庭、重组家庭、复合家庭，以及同性婚姻的家庭和同居的伴侣状态，等等。

社会变迁对于婚姻家庭的影响尤其表现在迁移上。人口的迁移流动带来家庭生活的中断，出现了长期的家庭分离和家庭成员留守问题。因此，迁移流动过程表现出婚姻稳定性的下降。迁移过程也扩大了迁移者的社会网络，扩大了在不同族群、不同地区和不同阶层之间的婚姻。迁移者的婚姻半径增加，异地婚姻，包括跨境婚姻都得到增长，而异地婚姻也被认为是迁移者逐步融入当地社会的表现。

婚姻家庭的变化也表现为出日益明显的“结婚难”和“结婚贵”现象。如果我们说“剩女”更主要地反映出女性人口在婚姻中自我独立性和自我选择性的增强，而“剩男”则很大程度上说明了社会经济地位较低的男性在婚姻市场中的婚姻困难。我国的“结婚难”和“结婚贵”受到性别失衡的影响，迁移流动进一步加剧性别失衡，并影响婚姻和家庭的形成。在一些内地农村地区，甚至还出现因贫困的男性人口难以结婚而形成的“光棍村”。

贝克说现代社会是高风险社会。那么总体来看，在现代化的发展过程中，家庭的脆弱性在增强，家庭的功能整体上在弱化。家庭是社会的细胞，随着婚姻家庭作用的弱化，社会的基础出现松动，并对社会生活的各个方面产生影响，其中首先是对人类生育产生影响。

婚姻家庭的变化会在生育意愿和生育行为上表现出来，并影响生育水平和生育模式。人口生育水平的变化很大程度上是家庭功能变化的结果。特别是家庭中女性就业的提高，使得传统的“男主外，女主内”的家庭分工模式发生变化，女性追求平等发展的需求往往需要摆脱生育和家庭造成的束缚，而且女性在家庭和工作的不平衡会降低其生育意愿。迁移者在迁移过程中往往具有更低的生育率，这不仅是因为迁移带来婚姻和家庭的推迟，具有进度效应，而且迁移过程带来家庭分离和配偶生活的分离，这些从客观上对生育过程具有中断的影响，因此相对于未发生迁移的人口，迁移者群体的婚后年数别的生育率是显著更低的。

同时，在婚姻家庭不断发生变化的过程中，还不断产生着一些以往未被充分重视的新的生育现象和生育问题。

一是出现了“没有家庭的生育”。由于避孕技术的发展，出现了性和生育的分离；由于性观念的变化和个人自主性的发展，性和婚姻也发生了分离。同时，由于婚姻家庭功能的变化，家庭和生育也会出现分离，例如出现婚外生育、婚前同居和未婚生育等生育现象，也出现代孕、领养等生育需求，还有单身女性冷冻卵子的需求，希望将婚姻家庭和生育通过技术手段分离开来。家庭之外的生育将在未来社会中占有越来越高的比重。这些新的生育现象和生育需求在传统的社会管理中并不能得到许可，例如非婚生子女在户口登记上仍然遇到一些困难。一些新的生育需求在法律上也并不能得到支持，例如代孕，另外，如非婚的同居不仅在道德上并不认可，在法律上也得不到支持。

二是“异地婚姻家庭的生育”问题。人口迁移流动带来的异地婚姻和外来妹的现象，其生育服务也面临一定的限制，存在显著的不平等，一些城市对外来妹的落户和所生育子女的落户还存在程序上的限制。国际移民的发展也产生出跨境的婚姻家庭问题，例如在广西、云南等存在性别失衡的边境地区，事实上存在长期的跨境婚姻。非法的人口贩卖是一种违法的行为，但是其中也存在一些自愿性的跨境婚姻和家庭形成。由于缺乏国际移民制度的支持，这些跨境家庭的生育服务缺乏足够的支持。

在婚姻家庭出现巨大变化的过程中，产生出各种新的生育现象和对生育服务的需求。只有推动相关的公共政策的制定和实施，才能更好满足不同人口群体的生育需求，并对人口群体的生育行为提供支持和服务。这些也构成当前低生育率社会中完善和加强生育政策和家庭政策的工作内容。在这些方面的政策探索，有助于对婚姻家庭变迁过程中的生育需求提供服务，也有利于提高家庭福利和促进家庭发展。

四、家庭制度建设的两个面向

在社会变迁过程中，家庭正发生着巨大的变化。第二次人口转变的理论为理解现代社会中的社会变迁和家庭变迁提供了重要的分析框架。在第一次人口转变时期，孩子是家庭生活的核心。而第二次人口转变中，随着个人主义和物质主义思潮的进一步深化，家庭更加基于夫妇之间的亲密关系，以及通过婚姻家庭实现个人发展。因此，家庭变迁中出现了婚姻的推迟、终身不婚率的提高、离婚率的增加、同居率的增加等现象，这些都会对生育产生影响，并强化人口低生育率的社会现象。并且，长期低生育率的发展，会通过经济、社会和人口过程的机制不断固化低生育水平，构成“低生育率陷阱”。

人口再生产过程中表现出的低生育率的强化和固化，反映出由于婚姻和家庭的变化，家庭制度作为支持生育活动的制度安排的作用在弱化。家庭开始难以有效支持人类生育活动，并使人口再生产面临不可持续的危险。因此，针对当前人类生育率变动表现出的低生育率现象，需要通过家庭制度的变革和建设有效的家庭制度来支持人类的生育。

应对低生育率社会挑战的第一种家庭制度建设，是恢复和加强家庭的功能，从而支持人口的生育。影响生育行为的一个基本家庭因素是家庭的经济收入。如贝克尔所说，提高家庭经济收入和降低生育的相对成本，会带来对生育子女的收入效应，从而增加家庭生育。因此在这个意义上，实施以家庭为单位的税收返还，包括对多子女家庭的税收返还和养老开支的税收返还政策，或者直接为家庭提供生育津贴，对于生育会有促进作用。

增强家庭功能的另一个因素是协调工作和家庭之间的平衡，提高夫妻家庭生活的时间和增加闲暇，本身会有利于其生育决策和生育选择。此外，研究表明，性别平等亦有利于生育率的提高，特别是在家庭内部的性别平等。通过增加男性家务劳动和参与子女养育，会提高女性的生育意愿和生育行为。

人口迁移流动过程中出现的家庭形成的推迟和大量的家庭分离，使人口流动对生育表现为中断效应。[①] 我国的低生育率状况在很大程度上是与超大规模人口迁移流动相联系的。因此，加强对流动人口婚姻家庭生活的支持，减少迁移过程中的家庭分离和促进迁移者家庭的社会融合，将有利于我国生育水平的恢复。

家庭功能的本质在于家庭是人类亲密关系的社会连接。作为家庭基础的爱情、亲情根植于人类的感性。我们常常在理性的层面上理解家庭的功能，并在现代化过程中通过国家和市场力量

---

① Singley, Susan, and Nancy Landale, "Incorporating origin and process in migration-fertility frameworks: the case of Puerto Rican women," *Social Forces*, 1998, 76(4).

将家庭的功能逐步剥离，并因此造成“家庭的衰落”。虽然“理性主义者”往往不相信人的感性，或者认为人的感性是长期演化的理性，但家庭功能的基础还是根植于人类稳定的感性联系。那么，家庭的存续就和现代化过程中不断发展的个人主义并不矛盾。家庭成为个人的感情寄托，成为个人更好地成长发展所依托的最核心的生活共同体。在这种基于人类情感的基础性连接中，家庭的稳定性和幸福感会促进生育，这一点已经为不少婚姻满意度会提高生育决策的实证研究所证明。生育在这种意义上不只是为了传宗接代，或提供社会保障等具有“理性”的人类行为，它更是一种“爱情的结晶”。并且，在以亲情为核心的家庭紧密纽带中（当然离不开家庭产权的私有和明确），人们会加强对子女的抚育、照顾，对子女成长提供“无私”的支持。

应对低生育率社会挑战的第二种家庭制度建设，是将家庭的功能转移到社会，并因此支持家庭的发展和福利。如果我们认识到家庭变迁过程的客观性，就会知道在现代化发展的进程中已经无法回归传统的家庭形态。家庭功能在日益衰落，因此更有效的策略不是增强家庭的功能，而是减轻家庭的责任。通过社会福利制度的完善来减少家庭的负担，从而支持人们的生育行为。

更加广泛的对家庭生育的社会支持包括建设社会化的托育托幼制度、社会化的保障制度和福利制度，这可以减少家庭的压力，从而增强夫妇生育的意愿和行为。托育托幼制度是影响生育意愿和生育行为的重要家庭制度，近年已经在我国的政策议程中有较多实践。同时，人们往往认为社会保障的发展会降低生育率。在第一次人口转变中，也确实发现社会保障的发展会降低对子女的需求，从而减少生育意愿和生育行为。但是在后人口转变时期，情况却可能相反，社会保障的发展会减轻家庭的压力，有利于实现良好的工作-家庭的平衡，从而提高家庭的生育意愿。

通过家庭制度建设来加强对家庭的社会支持，我们还要增强社区的作用。社区是人类生活的共同体，通过提供养老、子女照料、子女教育等社会服务，社区可以减轻家庭生活的压力。社会福利制度建设，社区和社会组织的建设，以及发挥邻里互助、志愿者和社会工作的作用，都对家庭发展提供了支持。同时，我们也看到技术进步具有极大的力量，能够支持家庭的生活。技术不仅有利于老年照料和提升养老服务，也有利于提升托育托幼服务，会使家庭的能力得到增强，并对家庭生育构成支持。

我国未来有相当大的概率将面临长期低生育率的状况，进入较长时期的低生育率社会。这凸显了当前家庭制度对于生育支持的不足。因此，需要将传统的生育政策扩展为家庭政策，通过家庭制度的建设来支持和服务人们的生育。家庭制度建设有两个面向：一是增强家庭功能的家庭制度建设；二是减少家庭压力的家庭制度建设。前者可以说是“再家庭化”；后者可以说是“去家庭化”。这些家庭制度建设包含了丰富多样的政策工具，从提高家庭收入、提供生育津贴，到增加女性的哺乳假、男性的陪产假，以及促进社会保障的完善、加强社会化的托育托幼制度等。增强家庭功能、减少家庭压力两个面向在很大程度上是难以兼得的，“再家庭化”和“去家庭化”家庭政策改革往往也是混合在一起开展的。同时，家庭的定义本身也是随着社会的发展而变化的。对家庭制度建设和政策实施的效果需要因地制宜地进行实证分析，我们需要通过家庭政策的不断探索，构筑符合人们需求并有利于积极应对低生育率社会挑战的家庭制度建设。

五、与生育友好兼容的家庭政策改革

从 20 世纪 90 年代生育水平下降到更替水平之下以后，我国开始进入低生育率社会。人口的生育意愿不足，折射出影响生育的家庭制度建设不足。因此，对于生育问题和生育政策的讨论，需要更加转向家庭制度建设和家庭政策改革；而我国家庭政策的改革与实践，也需要综合考虑家庭政策对人们生育意愿和生育行为的影响。这要求在低生育率社会中协调生育政策和家庭政策的关系，综合构建生育友好型社会和家庭友好型社会。

生育友好是指减少人口生育的顾虑和压力，减少对于生育自主决定的约束，并对生育行为提供充分的服务和支持；家庭友好是指实现有利于家庭福利和发展能力的制度环境。生育友好型社会和家庭友好型社会在一定程度上是统一的。如果我们将生育主要理解为以家庭为载体的人口再生产行为，生育政策也构成了宽泛意义上的家庭政策的内容。然而，生育友好型社会和家庭友好型社会有时并不统一。

影响生育意愿和生育行为的因素非常丰富，家庭制度和相关的政策工具也包含丰富的内容，如促进性别平等、增加家庭收入、实现工作-家庭的平衡，支持家庭的生育、支持家庭的养老能力等。生育政策对于家庭发展可能会具有不同的影响，例如延长女性生育和哺乳假的假期，会有利于生育和婴幼儿照料，有利于家庭福利和家庭发展；但是也可能会强化女性在劳动力市场的相对弱势地位，不利于男女平等的目标，这又表现出不利于家庭福利和家庭发展的结果。

不同的家庭政策对于生育率可能产生不同的影响，例如促进家庭养老的家庭政策和促进托育托幼的家庭政策对生育率的影响是不相同的①，后者对于提高生育意愿具有积极影响，但是前者却可能进一步降低人口的生育意愿。同时，相同类型家庭政策的不同执行对于生育率的影响也不相同，如鼓励性别平等显然是家庭政策的重要目标，但是，促进女性劳动力市场参与、提高性别平等的家庭政策实际上会加剧工作-家庭平衡的压力，并降低人口的生育率，而提高女性在家庭内部地位的家庭政策则会有利于提高人口的生育率。②

另外，不同地区有着不同的历史背景、制度文化，不同地区的家庭制度和相关政策构成了不同的模式组合，也使得不同家庭政策的组合模式对生育的影响不同。例如，按照对于欧洲家庭政策的类型学分析，北欧模式、民主社会主义模式和自由主义福利制度下的家庭政策对生育率的影响是不同的。

这些都说明，虽然建设生育友好型的社会需要家庭政策的支持，但是生育友好型社会的政策体系和家庭友好型社会的政策体系的含义却不一定完全一致。

对生育政策的讨论已经越来越和家庭政策密切交织。有时候我们会将家庭政策过度解读为生育政策，例如，托育托幼与其说是一种生育政策，实际上在更大意义上看，其作用是促进儿童

---

① 参见吴帆：《欧洲家庭政策与生育率变化：兼论中国低生育率陷阱的风险》，《社会学研究》2016 年第 1 期。

② 参见 Anderson, Thomas and Hans-Peter Kohler. Low Fertility, Socioeconomic Development, and Gender Equity, *Population & Development Review*, 2016, 41(3)。

教育和人力资本投资，是促进女性发展的家庭政策。有时我们也简单认为生育友好就是家庭友好，但二者之间是有所差别的。生育政策和家庭政策之间有统一性，但在一些时候，二者却是相互交错甚至是完全相反的。家庭政策的工具是多样性的，家庭政策对于生育的影响也是多方向的。有的家庭政策会提高人口的生育率，有的家庭政策对于生育率没有作用，有的家庭政策甚至会进一步降低生育率。这也进一步说明，在制定和实施家庭政策应对低生育率社会挑战时，需要对家庭政策进行评估，对各种家庭政策工具需要进行谨慎的选择以及因地制宜的实证分析，选择更具效果的家庭政策的组合。

因为家庭友好型社会的政策和生育友好型社会的政策有时存在相错甚至相反的关系。因此，对生育政策的执行，应该重视有利于家庭友好的生育政策。也就是说，对家庭生育行为的干预需要有利于妇女健康和妇女发展和家庭生活质量的提高。与此同时，对于家庭政策的执行，则应该重视有助于生育友好的家庭政策。特别是在低生育率社会的背景下，应该更多地实施有利于支持和服务人类生育的家庭政策，通过家庭政策来支持人们的生育自主选择，服务人们的生育行为，从而形成生育友好的社会环境。

在社会变迁和现代化进程中，人类的生育已经并非完全基于家庭。但不能否认，家庭仍然是生育的基本载体，家庭制度对生育、对人口再生产过程仍然发挥重要作用。家庭制度是影响人类生育的重要社会制度。长期的低生育率、不断降低的生育意愿和生育行为，很大程度上说明了现代社会中家庭制度建设的不足。因此，应对低生育率社会的挑战，需要重视家庭制度建设和实施有效的家庭政策，以适应家庭变迁的人口过程，重塑人口再生产的社会环境。通过完善家庭制度建设和实施有效的家庭政策，面向未来的可持续的人口再生产模式才能够实现，在社会变迁中所面临的低生育率社会挑战才能得到相适应的缓解。

此外，生育率的变化也会推动家庭变迁，带动家庭制度自然地发生变化，从而实现新的家庭制度和生育制度的有机协调。例如，低生育率以后的家庭规模小型化，会减弱家庭养育和养老的能力，并会相应推动社会托育和社会养老体系的建设，这些家庭制度的变化和相关政策改革，也会转而影响人口的生育意愿和生育行为，形成对人口生育率变化的积极支撑。如果从较长历史的角度来看，人类的生育行为、生育政策的调整和家庭制度的变化，将会构成整体性的调整转型，并将促进人类生育、人口再生产和制度结构的不断发展演化，在这个意义上看，对于“低生育率陷阱”和低生育率后人类社会远景的悲观想象，可能是杞人忧天的过度担忧。

虽然应对低生育率社会的挑战需要完善家庭制度的建设，但这并非意味着只要依靠家庭制度建设和家庭政策的改革，就能够充分解决低生育率社会的问题。在现代社会中，随着社会保障制度的完善和个人主义的不断深化，生育的意义在逐步弱化。当前即使是在家庭制度已经有较充分发展的北欧国家，其生育水平仍然并没有恢复到更替水平。在现代社会中如何塑造生育的意义，是应对低生育率社会挑战的根本问题。但是，仍然需要通过健全的家庭制度建设来支持和服务于人们的生育，增强人们生育决策的自由。家庭制度的完善也并不单单服务于人们的生育，其根本目的仍在于提高家庭的生活福祉和实现家庭的充分发展，并支持实现人们选择的自由和生活的幸福。

第六章　加强托育托幼服务体系建设

从 20 世纪 90 年代以来，我国已长期处于低生育率社会。由于家庭中孩子数量减少增强了人们对提升婴幼儿抚育及对其成长加以投资的需求，同时婴幼儿照护客观上需要较高经济投入和时间投入，加剧了工作-家庭冲突，转而成为限制夫妇生育意愿、影响家庭生活福祉的突出因素。因此，整个社会对婴幼儿托育托幼的需求在日益增长。

本章将首先讨论低生育率社会中加强婴幼儿托育托幼发展的迫切必要性。托育托幼服务是家庭政策体系的重要内容，婴幼儿托育托幼构成家庭生育的配套服务和社会支持，构成低生育率社会的重要社会政策。婴幼儿托育托幼对促进女性和儿童发展、提高家庭整体福利具有积极作用。基于我们开展的调查研究，本文也将对不同家庭托育托幼需求的多样性和差别性提供一个概貌性的分析，并在此基础上对加强托育托幼服务体系建设提出思考和建议。

一、托育托幼服务建设的必要性

（一）发展托育托幼是低生育率社会的生育配套政策

在人口转变完成以后，生育率出现继续下降的现象。① 人们的生育意愿和生育行为较低，受到一系列社会经济因素的影响。巴尔博总结了影响生育的因素，包括个体和家庭的微观因素、社会交往和社区生活的中观因素，以及宏观的经济发展和制度因素。②

我国人口的生育水平已经下降到生育意愿之下。七普数据表明，人口的总和生育率是 1.3。对于生育意愿，多项研究表明，当前的期望生育数量基本在 1.6—1.9 之间。③ 这说明在当前的低生育率社会中，我国出现了“未满足的生育意愿”的问题。而“未满足的生育意愿”表明，家庭在生育决策过程中面临着诸多限制的因素。除了一些生理因素如不孕不育外，生殖、抚育和教育成本较高，特别是住房和生活成本较高会降低生育意愿；市场竞争的增强和工作与家庭的冲突会阻碍人们的生育打算；婴幼儿照护的压力会加剧家庭-工作的冲突，并提高生活成本，这些都会降低妇女的生育意愿，并限制将生育意愿转化为生育行为。因此，加强对婴幼儿的托育托幼服务，对促进生育友好社会的建

---

① Lesthaeghe, R. The Unfolding Story of the Second Demographic Transition, *Population and Development Review*, 2010, 36 (2): 211—251.

② Balbo, N., Billari, F., Mills, M. Fertility in Advanced Societies: A Review of Research, *European Journal of Population*, 2013, 29 (1): 1—38.

③ 参见吴帆：《生育意愿研究：理论与实证》,《社会学研究》2020 年第 4 期，第 218—246 页。

设，提高家庭夫妇的生育意愿和帮助家庭夫妇实现“未满足的生育意愿”具有积极作用。

（二）托育托幼对促进女性就业和女性发展具有积极影响

虽然缺乏托育托幼会限制妇女生育[①]，但是我们却不应将托育托幼政策局限为生育政策。以欧洲国家为例，不少国家具有比较完善的托育托幼政策，但是他们的出发点并非是为了鼓励生育，而在很大程度上是为了减少女性的家庭压力，促进女性就业和劳动力市场参与，并因此提高女性的独立性。二战后欧洲的社会生活形态逐步改变了传统上“男性挣钱–女性照料家庭”的家庭模式，女性的社会权利、政治权利运动不断发展。婴幼儿托育托幼的社会化是与推动女性发展和社会性别主流化相联系的。2002 年，欧盟委员会建议各成员国应消除阻碍女性就业的因素，努力提供儿童照顾措施，到 2010 年为至少 90% 的 3 岁以上的学龄前儿童和 33% 的 3 岁以下儿童提供照顾设施。因此，学龄前儿童托育托幼政策的主要目标是促进女性就业和女性发展。

在我国的劳动力市场中，女性面临着家庭和工作的双重负担，婴幼儿照护和儿童照料的责任主要落在女性身上，强化了女性的工作与家庭冲突。[②]生育和婴幼儿照护对女性就业和经济收入具有不利影响，这种现象被认为是一种“母职惩罚”[③]。母职惩罚的现象

---

① 参见张本波、魏义方：《人口政策与托育服务资源配置：进展、问题与建议》，《宏观经济管理》2019 年第 4 期，第 36—41 页。

② 参见杨菊华：《健全托幼服务，推动女性工作与家庭平衡》，《妇女研究论丛》2016 年第 2 期，第 11—14 页。

③ 参见 Budig M., England, P. The Wage Penalty for Motherhood, *American Sociological Review*, 2001, 66 (2): 204—225。

在我国同样存在。[①] 机构托育对母亲的劳动参与有显著正向影响。[②] 我们的研究也表明[③]，有 3 岁以下婴幼儿的女性在得到机构托育服务以后，她们的劳动参与率显著高于没有得到机构托育服务的女性。而且，有婴幼儿的女性在得到机构托育服务以后，她们的劳动参与和没有婴幼儿的女性的劳动参与类似，说明婴幼儿机构托育服务具有缓解母职惩罚的积极作用。当前，我国城乡家庭中的婴幼儿照护，很大程度上还需要祖辈的隔代抚育帮助，这构成了一种重要的家庭内部支持。我们的研究也发现，不管家中是否有祖辈的帮助，机构托育对提高女性的劳动参与都具有显著作用。因此，机构托育托幼服务的发展，对女性的就业和发展积极有益。

实际上，家庭中婴幼儿照护对女性的“母职惩罚”，不仅会降低女性的劳动参与，也会给其生命历程带来长期影响。女性劳动参与的减少和职业生涯的中断，会不利于她们的晋升和职业发展，并会影响女性的长期工资水平。因此，社会机构托育托幼的发展，有利于提高女性的劳动参与，并产生生命历程的累积影响，从而有利于女性的长远发展。另外，“母职惩罚”不仅体现在育儿投入对女性就业率、劳动时间等的消极影响，还体现为一些难以量化的因素，如产后母亲在职场中的心理压力、自我提升时间的减少等。婴幼儿托育托幼的发展，在这些方面也能够发挥

---

① 参见张川川：《子女数量对已婚女性劳动供给和工资的影响》，《人口与经济》2011 年第 5 期，第 29—35 页；杨菊华：《“性别—母职双重赋税”与劳动力市场参与的性别差异》，《人口研究》2019 年第 1 期，第 36—51 页。

② 参见杜凤莲、张胤钰、董晓媛：《儿童照料方式对中国城镇女性劳动参与率的影响》，《世界经济文汇》2018 年第 3 期，第 1—19 页。

③ 参见任远、韦丰：《婴幼儿机构托育对女性劳动参与的影响》，《南方人口》2022 年第 5 期，第 54—65 页。

良好的心理和社会效果。

间接地看，女性就业和女性的长远发展，有助于提高女性地位和改善男女平等状况。女性劳动就业会提高女性在家庭内的地位和决策自主性，女性社会劳动时间投入的增加也会增加男性的家庭劳务投入，甚至会重新根据夫妇的市场价值来重新组织家庭内部劳动分工。一些城市家庭中甚至还出现了“女主外，男主内”的模式。通过托育托幼社会服务的发展，支持女性就业和女性发展，能够打破传统性别社会分工和性别意识，带动社会性别不平等的逐步松动，逐步实现更加男女平等的社会生活。

（三）托育托幼是协调工作-家庭冲突的重要社会机制

实现家庭和工作的平衡关系，或者生活和工作的平衡关系，包括两个方面：缓解“家庭-工作的冲突”和缓解“工作-家庭的冲突”[①]。前者是家庭事务对工作发展的冲突，后者是工作就业对家庭生活的冲突。婴幼儿照护加剧了家庭劳务和工作安排的时间冲突，托育托幼能够在此过程中发挥有效的缓冲作用。社会化的婴幼儿照护和教育服务能够对家庭中的父母双方，特别是对女性，提供积极支持，使其在工作和家庭的双重负担中得以寻找替代性的解决方案，有利于女性和家庭应对变化，实现生活的平衡和更好的发展。

工作和家庭的冲突往往在低收入群体和弱势群体上表现得更加突出。例如相对于非正规就业的群体，正规就业的群体往往具有更加完备的社会保障，其工作-家庭关系更加平衡。欧洲国家对儿童的社会照顾计划，往往更加关注贫困家庭。日托服务往往

① Friedman, S., Greenhaus, J. *Work and family: Allies or enemies? What happens when business professionals confront life choices*, Oxford: Oxford University Press, 2000.

作为一项福利救济制度提供给贫困或者单亲家庭，以协助解决这些家庭因为母亲需要外出工作而产生的托育困境。①

（四）托育托幼的社会投资构成促进儿童发展的人力资本投资

托育托幼不仅是儿童照护的问题，同时也是儿童早教的问题。儿童早期教育和生活照料，其本质是对婴幼儿的人力资本投资，不少国家将二者作为一个整合的政策优先领域。特别是，婴幼儿时期是个体的认知、语言、社交和情感能力发展至关重要的时期，学龄前儿童的教育和健康投资具有更高的经济回报率。②儿童的早期教育和生活照料被认为是一种有效的人力资本投资。岳爱等在中国农村贫困地区的研究也发现，儿童早期的营养水平、教育发展等对改善儿童成长具有显著影响。③同时，对儿童早期的健康和教育投资，对儿童长远的人生发展具有积极效果，这样的投资也被认为是更加具有效益的投资。④

基于我国中长期人口变动态势，长期的出生人口减少已经造成新增劳动力数量下降，国家发展需要从依赖大规模劳动力就业

① Yerkes, M., Jovornik, J. Creating Capabilities: Childcare Policies in Comparative Perspective, *Journal of European Social Policy*, 2018, 29 (4): 529—544.

② Heckman, J. Skill formation and the economics of investing in disadvantaged children, *Science*, 2006, 312 (5782), 1900—1902.

③ 参见岳爱、蔡建华、白钰、汤蕾、史耀疆、罗仁福、罗斯高：《中国农村贫困地区 0—3 岁婴幼儿面临的挑战及可能的解决方案》，《华东师范大学学报（教育科学版）》2019 年第 3 期，第 1—16 页。

④ Heckman, J., Pinto, R., & Savelyev, P. Understanding the mechanisms through which an influential early childhood program boosted adult outcomes, *American Economic Review*, 2013, 103 (6): 2052—86.

的经济发展模式，过渡到更加依赖人力资本的发展模式；从汲取低成本劳动力的人口红利时期，过渡到重视发挥高素质劳动力的作用、重视发挥人力资本红利的时期。因此，增强婴幼儿和学龄前儿童的托育托幼，有助于儿童认知能力的提高和健康促进，有利于儿童实现良好的人生发展，这也是提升国家未来发展竞争力和创新力的重要工程。

总之，在我国长期低生育率的人口背景下，托育托幼的发展显得必要和重要。托育托幼服务是为生育提供服务支持的生育配套政策。对婴幼儿和儿童提供抚育和照护，包括提供早期教育，能够减少家庭生育所增加的家庭负担，并促进儿童的良好成长。婴幼儿照护是家庭政策体系的重要内容，托育幼托的发展有利于女性就业和发展，也关系到家庭生活的幸福和家庭发展的能力。对婴幼儿照护体系建设不足会加重家庭的负担，减弱家庭生育的意愿，增大家庭和工作之间的冲突，特别是增大女性的家庭和工作之间的冲突。因此，需要从生育服务、女性发展、工作-家庭平衡和儿童成长的整体视野来强调我国的婴幼儿托育托幼服务发展，婴幼儿照护应该成为当前国家发展和家庭政策体系关注的重要内容。特别是，从 2021 年以来，我国开始实施“可以三孩”的生育政策，一些家庭中将会有更多的孩子，因此更加需要加强托育托幼社会服务体系的建设。

二、对婴幼儿托育托幼服务的需求

了解不同家庭对托育托幼服务的具体需求，是加强托育托幼服务体系建设的基础。最近，我们开展了一项全国性的《低生育率时代的家庭友好型社会建设》社会调查。在该调查中得到的部分资料，为把握我国家庭托育幼托状况和需求提供了一些参考性的信息。

该项调查在2020年6月通过在线方式开展，我们利用技术手段开展逻辑匹配和质量检查，最后得到有效问卷6139份。调查对象覆盖了我国34个省级行政区域。问卷涉及的内容涵盖了生育研究的多个主题，如生育行为、生育观念和意愿、生育与就业、子女照料、托育托幼服务等。我们将利用这个数据库来分析我国城乡托育托幼的基本状况和不同人口群体对托育托幼服务的基本需求。需要说明的是，由于本次抽样本身不具有随机性，网络调查带来的样本偏差是存在的，调查的数据结果并不能代表我国家庭托育托幼的总体情况，我们对调查数据库根据2015年小普查数据的主要指标进行了必要加权。基于对调查结果的报告，我们能够对不同家庭托育托幼服务需求的多样性和差别性进行一些初步的观察。

（一）家庭婴幼儿托育托幼服务获得性的差别

本次调查的结果显示，有84.52%的家庭将3—6岁儿童送入幼儿园托幼，0—3岁婴幼儿的入托率是57.4%，0—3岁儿童机构托育的获得性相对较低（见表6.1）。可以发现，父母教育程度越低，其子女上托儿所托育的比重越高，父母教育程度和3—6岁儿童托幼率并没有显著联系；城乡人口之间在托育和托幼获得性上没有明显的差别；从家庭经济收入和托育托幼获得性来看，低收入家庭的婴幼儿托育比重更高，这和更低教育程度家庭的婴幼儿托育服务比重更高是一致的。所以机构托育是贫困家庭和更低教育程度家庭的生活选择，贫困家庭和受教育程度较低的家庭父母往往更需要婴幼儿的托育服务，从而来维持自身的工作和收入。

表 6.1　婴幼儿托育托幼服务的基本状况

	0～3 岁儿童的托育状况			3～6 岁儿童的托幼状况		
	在托儿所	不在托儿所	托育获得率	在幼儿园	不在幼儿园	托幼获得率
总计	1468	1086	57.48%	1807	329	84.60%
父母教育程度						
小学	22	7	75.86%	25	4	86.21%
初中	113	69	62.78%	139	22	86.34%
高中或中专	346	257	57.38%	446	77	85.28%
大学及以上	987	753	56.72%	1197	226	84.12%
户籍类型						
城市人口	347	287	54.73%	450	65	87.38%
农村人口	1121	799	58.39%	1357	264	83.71%
家庭年收入						
10 万元以下	672	475	58.59%	862	146	85.52%
10—20 万元	517	379	57.70%	611	136	81.79%
20—30 万元	133	100	57.08%	136	25	84.47%
30—40 万元	51	45	53.13%	60	10	85.71%
40—50 万元	34	27	55.74%	46	4	92.00%
50 万以上	61	60	50.41%	92	8	92.00%

注：父母受教育程度用受访者的受教育程度来代表。

托育托幼的经济开支是影响幼托服务获得性的重要因素。经合组织（OECD）国家的父母自费托儿费用占家庭净收入的12.6%。本次调查显示，我国家庭婴幼儿托育托幼支出占家庭收入比重约为18%左右，有0—3岁婴幼儿家庭每年花费托育费用约7500元，略高于有3—6岁幼儿家庭的托幼费用。

从托育托幼服务的便利性来看，91.76%家庭的生活社区中有幼儿园，74.36%的家庭附近有托儿所，说明对0—3岁婴幼儿托育服务的设施供给还相对不足（见表6.2）。教育程度越高的家庭所在社区的托育托幼设施情况更完备；城市家庭周边社区的托育托幼设施好于农村家庭；经济收入较高家庭居住区的托育托幼服务设施供给水平更好。

表6.2　家庭附近是否有托儿所和幼儿园的比重

	家庭附近有托儿所的比重	家庭附近有幼儿园的比重
总体平均	74.36%	91.76%
父母受教育程度		
小学	57.89%	81.48%
初中	64.94%	87.01%
高中或中专	72.47%	90.24%
大学及以上	76.1%	92.74%
城乡比较		
城市人口	79.32%	94.65%
农村人口	72.40%	90.48%
家庭收入水平		
10万元以下	70.70%	89.99%
10—20万元	77.78%	92.64%
20—30万元	75.98%	94.90%

（续表）

	家庭附近有托儿所的比重	家庭附近有幼儿园的比重
30—40 万元	77.47%	92.20%
40—50 万元	78.83%	96.23%
50 万以上	77.65%	93.27%

（二）家庭对婴幼儿托育幼托服务的需求分析

我们在调查中考察了家庭选择托育托幼服务最主要的考虑因素。我们比较了家庭对托育托幼机构建设的期望，包括物质设施、师资力量、收费合理、交通方便四个方面，并考虑了家庭对托育幼托服务内容的偏好。

1. 对托育托幼机构建设的期望

受访者中超过一半的人（54.84%）认为物质设施在托育托幼机构建设中是最重要的，其次是机构的师资力量，占 45.58%。强调托育托幼的交通便利性和收费合理性的受访者分别占 7.08% 和 5.61%，可见家庭对托育托幼服务的需求更加重视“硬件”（设施）和“软件”（师资）的质量。

对有 3 岁以下婴幼儿上托儿所的家庭，以及有 3—6 岁儿童在上幼儿园的家庭的不同需求进一步分析发现，71.62% 有托育需求的家庭更加重视机构的物质设施，高于有 3—6 岁托幼服务需求家庭对物质设施的需求（64.8%）（见图 6.1）。因为 0—3 岁的孩子更加脆弱，需要精细化照料和呵护，因此家长更加偏好高质量的设施保障。而有 3—6 岁孩子的家庭相对于 0—3 岁婴幼儿的家庭，对机构托幼的师资力量（49.64%）需求更高，可见随着婴幼儿年龄的增长，家长会更加重视早期教育的介入，“赢在起跑线上”可以反映出家长对于婴幼儿早教需求的热情。

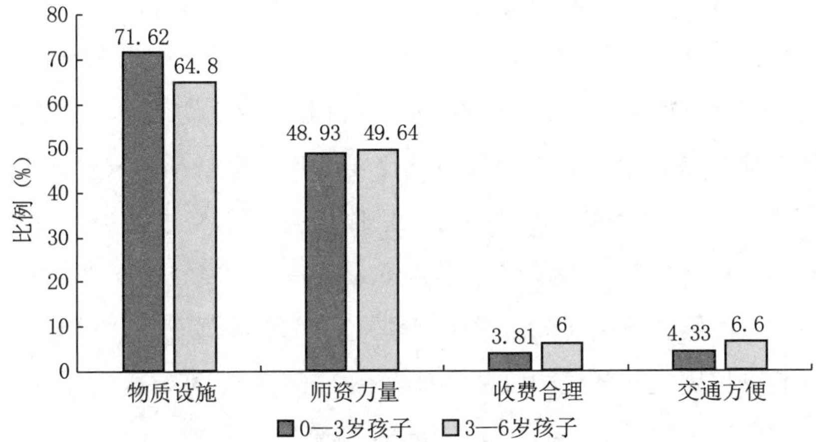

图 6.1　不同托育托幼需求家庭对机构服务的偏好

2. 对托育托幼服务内容的偏好

从对婴幼儿托育托幼服务不同内容的重视程度来看，调查表明，20.89% 的家长强调照料质量很重要，15.93% 的家庭认为托育托幼机构所提供的教育内容更重要。从分性别的差异来看，家庭中的父亲更加重视托育托幼服务的教育内容（19.11%），而这一比例在女性中仅有 13.78%；但是在机构的照料质量上，22.19% 的母亲认为照料质量更加重要，而男性的比例仅占 18.55%。

（三）未选择机构托育托幼服务的原因

为了更好地了解社区中托育托幼服务存在的不足，我们在调查中分析了家庭未选择子女托育托幼服务的主要原因。

家庭中有 3 岁以下婴幼儿，但是未选择机构托育的首要原因是家庭成员能够自己提供更好的照护，其比例约为 35.92%，这反映出家庭照护仍然对婴幼儿照护具有基础作用，而且在我国传统文化下也存在比较普遍的隔代抚育的情况。同时，对于0—3岁婴幼儿来说，他们和父母有紧密的依恋关系，各方面适应性较差，因此更倾向于家庭内部的照护。对0—3岁婴幼儿来说，家庭依然是其照料与教育的主要场域。目前托育托幼市场上托育机构的质量参差不齐，是家长不选择婴幼儿托育服务的主要原因，有24.01%的家庭将不入托的原因归结于师资服务质量太差，还有18.65%的家庭认为托育机构物质设施差，造成家长不放心将3岁以下的婴幼儿送到机构抚育。另外，23.92%的家庭未选择子女托育的原因是托育机构收费太高，有7.76%的家庭是因为托育机构门槛高，15.6%的家庭是因为交通不便。

家庭中有3—6岁儿童但未选择托幼服务的最主要原因是认为幼儿园师资服务质量差，占36.17%；第二个原因才是家庭成员能够为3—6岁孩子提供更好的照护，占23.10%。其他的原因包括：21.28%的家庭认为幼儿园物质设施差，16.11%的家庭认为机构托幼服务收费高，有8.81%的家庭认为幼儿园门槛高而不能入托，这可能反映出部分流动儿童托幼的困难，或者是一些私立托幼机构的入园标准太高限制了幼儿入托。另外，有12.77%的家庭未选择让孩子进幼儿园的原因是交通不便。

总之，当前婴幼儿照护仍然主要以家庭为主，比较多地由祖辈提供隔代抚育，这构成我国婴幼儿照护的突出特点。早期儿童照护服务的社会化已经有所发展，机构托幼服务基本普遍化，但是对3岁以下婴幼儿的机构托育获得性、可负担性以及便利性等还有待提高。我国还没有形成系统的婴幼儿和早期儿童照护服务的托育托幼社会服务体系，亟待大力发展托育托幼服务机构，提高托育托幼服务质量，使社会托育托幼服务和家庭照护服务形成

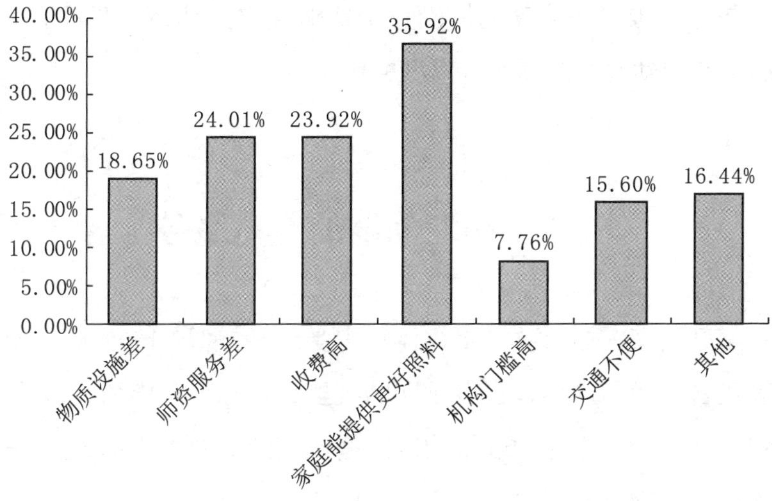

未入托的主要原因

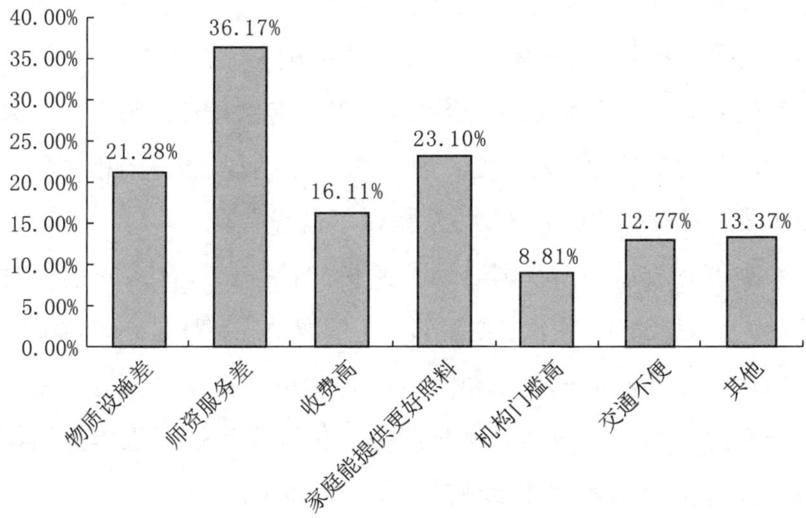

未入园的主要原因

图 6.2 家庭未选择婴幼儿机构托育和机构托幼的原因

替代和补充效应。同时，要积极推进托育托幼服务的普惠化发展，满足不同群体对于托育托幼服务的多样化、差别性的具体需求，减少因为社会阶层差距和城乡区域差距造成的照护服务不平等，并进一步对弱势家庭提供免费或低成本的社会化照护服务，以缓解其婴幼儿照护和家庭发展的困难。

三、“一小”问题的人口服务

家庭政策在社会政策整体体系中受到日益增长的重视。家庭政策包含不同的内容，也有不同的类型，是一个多样和丰富的工具包。其中，托育托幼政策构成家庭政策的重要组成部分。在欧洲国家，特别是在瑞典、丹麦和挪威等北欧国家，对学龄前儿童的公共托育具有丰富实践。美国也推行了针对儿童托育的“儿童照料的税收抵免”。作为一个低生育率的国家，日本在21世纪以来实施了大量鼓励生育的社会政策，其中包括建设加强婴幼儿保育和教育的多样化社会设施。这些关于托育托幼服务的相关政策和实践，对我国的托育托幼发展提供了良好借鉴。

改革开放以来，我国婴幼儿照护的社会服务体系建设相对不足。计划经济体制下，城镇部门中的婴幼儿照护是在单位体制下由单位组织完成的。改革开放和企业市场化后，婴幼儿照护回归家庭，家庭对婴幼儿照护服务提供了基础性、主体性的作用。随着市场化和女性就业的发展、生育率下降、人口迁移流动增长，家庭的功能日益削弱，婴幼儿照护的家庭困境日益突出，婴幼儿照护和女性发展的冲突也日益凸显。家庭婴幼儿照护遇到巨大的压力，各种社会化、市场化的幼托机构得到发展，但是社会化的托幼托育服务供给尚不能很好地满足城乡居民增长的托育托幼服务需求。在人口结构性变动的背景下，完善“一老一小”的人口服务体系建设日益重要。在低生育率社会中需要加强对“一小”问题的婴幼儿托育托幼服务体系建设，在未来5—10年内对婴幼儿照护的社会服务体系建设将会得到更加充分的发展。

（一）促进普惠性的托育托幼服务体系的建设

婴幼儿托育托幼服务包括婴幼儿照护和教育两层含义。相对于义务教育阶段的教育投资，国家公共服务建设需要扩展对学龄前儿童的早期教育投资。研究表明，对于儿童早期教育的投资具有长远的效益。另外，对于母婴保健和婴幼儿保健，应该扩展对婴幼儿早期照护的投入，不仅在生殖健康和母婴保健方面的公共服务需要加强，也应该将新生儿一个月以后的健康保健作为卫生健康公共投资的重点内容。婴幼儿的营养和健康状况对儿童的认知和长远发展具有显著影响。

目前虽然有一些公共投资涉及了婴幼儿托幼托育服务，但是当前我国的婴幼儿照护主要还是家庭责任，并不进入公共服务体系，婴幼儿照护和托育成为国家人口服务体系中相对薄弱的方面。学龄前的托幼阶段并不进入义务教育范畴，而新生儿保健计划也基本不包括托育服务的安排。在公共服务体系中的婴幼儿托育托幼服务供给相对薄弱，因此城乡居民家庭深刻地感受到婴幼儿照护的压力，这进而导致生育成本的提高，并限制了人口的生育行为。

同时，托育服务对于女性就业和发展、协调家庭和工作的冲突、促进男女平等，以及提高家庭发展能力和生活福祉具有意义。托育托幼也构成对婴幼儿教育和健康的人力资本投资，对国家长远发展具有持续性的外部效应。对婴幼儿健康和教育提供整合的投资具有明显的公共利益，所以应该增强对托育托幼的公共服务供给，而婴幼儿托育服务体系建设应该实施更加普惠制的方式。

目前的托育托幼社会服务供给在不同群体之间、城乡之间、不同社区之间存在明显的不平衡。例如市场化的托育托幼发展加剧了托育托幼服务供给的不平衡，而恰恰是教育程度较低、收入程度较低的群体，更加需要托育服务；在相对贫困人口的生活社区，家庭对得到托育托幼服务的需求更高，但是托育托幼服务供给水平和服务质量相对更低。因此，实施普惠性的托育托幼服务，可以增强弱势群体对托育托幼服务的可获得性和可支付性，减少他们的家庭生活负担。如果托育托幼服务差等化的安排被强化和固化，会强化社会不平等，并带来在个人生命发展初期的社会分化，而生命发展初期的托育托幼不平等会进一步在个人长期生命历程中带来更严重的社会分化。托育托幼服务的普惠性发展对促进实现社会发展的平等目标具有积极作用。

城乡之间具有不同的经济生产方式和生活形态，这导致城乡之间对社会托育托幼服务的需求并不一致。乡村地区是以农业生产为主，生产生活方式具有较大的弹性，使得家庭可以承担婴幼儿照护的工作；而城市现代化大生产的发展，使得婴幼儿家庭照护越来越不可能。社会机构托育托幼服务本身是城市化过程内生的结果，从这个意义上说，虽然城市中的托育托幼服务供给优于农村地区，但在城市居民对托育托幼服务的需求更加突出。随着城市化的过程渗透进乡村，乡村社会中也需要发展社会化的托育托幼服务。

实际上，在城市内部也存在着城乡差别。根据法律的规定，流动儿童在义务教育制度阶段已经可以进入流入地城市的公办学校，而婴幼儿时期和学龄前时期不属于义务教育，其面临的排斥性更强。如果学龄前的流动儿童不能获得必要的托育托幼服务，这也会限制流动女性的就业和发展。现实中，不少流动女性和儿童由于托育托幼困难，不得不采取家庭分离的方式，由祖辈在农村中照顾婴幼儿；或者儿童和母亲不得不返回农村，来减少他们在城市生活的成本，儿童返乡也往往更多地带动其母亲的共同返乡。这些都进一步加剧了对儿童和女性发展的损害。城镇中的流动人口家庭对托育托幼服务也有迫切的需求，我们在建设普惠性的托育托幼制度建设时，需要以居住地为基础对所有居民提供服务。普惠性的托育服务需要扩展到城乡的所有居民，扩展到城市中的所有居住人口。

（二）提高社会机构托育托幼服务的质量

提高托育托幼机构硬件设施、师资、服务、管理的质量，是家庭对幼托机构建设的主要需求。分析家庭不选择婴幼儿托育托幼的最主要原因，主要是幼托机构的质量不够好。因此婴幼儿照护的突出问题，是托育托幼服务的质量不能满足城乡居民增长的托育托幼服务的需求。对于婴幼儿托育托幼服务来说，与其说是供给不足，还不如说是高质量的托育托幼服务供给不足。

如果婴幼儿托育机构更加专业化、服务质量得到提升，而且家庭在经济上能够承受，父母将会乐于将婴幼儿送入托育机构，通过机构照护和家庭照护相结合的方式更好地提高婴幼儿发展和家庭自身发展。所以，加强婴幼儿托育托幼服务体系建设的重点，是建立更加专业化的托育托幼服务机构，提高幼托服务的质量。

提高托育托幼服务的质量，要走专业化、职业化的道路。第一，需要通过强化标准化提高服务质量，重视托育托幼服务标准化的建设。幼托机构建设需要达到一定的基本标准，包括场地设施、健康标准、照护标准和安全标准以及管理标准，目前国家卫健委也已经在主持开展托育托幼服务标准化的建立。同时，需要加快制定托育托幼机构行业标准规范，合理设计托育托幼服务内容、师资配备、卫生保健、安全、设施配置、场所场地等准入标准和条件，净化托育托幼市场环境。

第二，加强托育托幼服务专业人员的培训，重视提升幼托师资力量。托育托幼服务体系的建设，需要有大量职业化的保育员、保教员，这需要开展相关专业性的职业培训，落实职业资格考核工作，明确幼托服务从业规范。

第三，加强托育托幼服务机构的监管和评估。卫生和健康管理部门、教育部门、安全部门等应该根据职责，对托育托幼服务主体运行规范情况开展评估、检查、监督和指导，通过行政和法律手段规避风险隐患，维护行业秩序。在对幼托机构进行监督评估的过程中，还可以通过政府和第三部门的紧密合作，委托独立的社会组织、行业协会开展评估和检查，从而实现托幼服务行业的自我有序管理和社会参与管理。

第四，通过技术手段来提供高质量、高效率的服务。随着科技进步和信息技术的深化，已经可以利用大数据来提供托育托幼的精准化服务，加强家校互动，从而使得幼托服务更好地满足家庭和婴幼儿发展的需求。

（三）因地制宜地探索实践我国城乡托育托幼服务的多种模式

我国托育托幼服务发展的基本现状是，在城乡之间、不同社会阶层和不同城市空间的基层社区中，托育托幼服务水平和人们的需求具有多样性，不同年龄的婴幼儿对于托育托幼服务的需求也存在不同，一些特殊群体的幼托服务有特殊的需求，例如残疾儿童等。因此托育托幼服务的发展需要以民众的需求为基础，发展出更加多样性的服务模式。

根据安德森对福利国家基本类型的划分，托育托幼服务的建设模式也可以分为不同的类型，包括北欧国家的普惠性公共服务模式、南欧国家更加市场化的自由市场模式，以及以德国为代表的法团社会主义模式等。不同福利制度模式下的托育托幼服务在托育托幼服务理念、服务项目的设立、主导的服务机构性质（公立还是私立）、托育幼托服务的规范、相关财政机制的支持、托育托幼事业和产业的相关政策都存在不同。例如，有的国家托育托幼服务采取育儿的税收减免和教育补贴，有的提供普惠的儿童照护和教育发展的公共服务。我国托育托幼社会服务体系建设，需要借鉴不同国家福利制度和社会政策的经验，也需要基于自身文化传统和制度特点，结合国家财政能力和民众需求，探索中国特色的发展模式。

我国的城乡托育托幼服务体系建设，除了需要由上到下开展宏观的制度框架规划，也需要由下到上基于民众具体需求开展试点和实践。我国城市和乡村的托育托幼服务，应该具有不同的模式。在发展过程中，需要借鉴国际国内幼托服务的有效经验，同时基于地方探索实践不断总结经验。例如一些城市（如南通）由中心的托育机构加以带动，中心机构和不同层次服务网络构成幼托联合体，还有一些企业在工会中组建托儿所，等等。不同基层社区托育托幼服务灵活多样的丰富探索，有助于在基层实践中实现有中国特色的托育托幼服务体系建设，并更好地满足人们的需求。

（四）在福利多元主义和社会治理的思路下加强托育托幼社会服务

由于婴幼儿和其生活家庭的紧密依恋和经济联系，在当前和可见的未来，家庭仍然是托育托幼服务的基础。在社会变迁中家庭本身在变化，而且国家和市场力量渗透进家庭，使得家庭的托育托幼能力日益显得不足，所以需要将家庭政策作为公共政策关注的重要领域。具体来说，需要通过托育托幼社会服务的发展来增强家庭的能力，以及帮助家庭实现婴幼儿照护养育责任社会化。

为了更好满足城乡居民对婴幼儿托育托幼服务的需求，需要采取福利多元主义的思路以完善家庭政策，及发展婴幼儿托育托幼服务。福利多元主义强调国家和社会多元力量共同投入，这不仅需要增强政府财政投资，发展政府建设的托育托幼项目，也应该积极动员社会机构和市场化的托育托幼服务投入，包括鼓励公益性的社区托育托幼基金的积累和投入，以及推动托育托幼服务产业的发展。除了多元投入体制，托育托幼服务的发展运营也可以采用各种灵活的公私伙伴关系和协作模式，例如公建民营、公办民营、民办民营等不同的运营模式。通过多元的福利和混合的福利，有助于更大范围地争取资源。托育托幼机构和社会服务体系建设，因为其社会需求的缺口很大，有较大的发展空间和完善的必要。

托育托幼服务体系的建设，不仅需要国家和社会力量多元投入、合作运营地推进，更需要进一步通过治理转型，加强政府主导、社会建设和市场机制相互协同的社会治理，构建起不同行动主体、利益主体有机协调、规范运行的托育托幼服务整体结构。

在托育托幼服务的发展中需要重视政府主导的作用，实施相关公共预算并通过政府财政补贴、政府购买服务和税收优惠等，培育、引导和支持社会力量和市场力量投入到婴幼儿托育托幼服务中。托育托幼的发展需要不同职能部门共同参与，包括教育部、卫健委的妇幼司，需要管理体制的整合和多部门力量的协调。政府主导还表现在加强机构运营和服务供给的规范化、标准化，推动相关领域的立法建设。

托育托幼社会服务体系的建设离不开丰富和有力的社会建设。托育托幼服务体系基于城乡居民的生活社区，尤其需要依托社区发展和居民的参与。民众的需求和是否满意是幼托服务具体实践的基础，也是评判幼托服务是否成功的标准。我们看到，类似妇联等枢纽型社会组织能够对推动托育托幼服务体系建设发挥重要作用。同时，托育托幼服务的发展需要丰富的专业性的社会组织建设，如学龄前婴幼儿学习小组、早教工程等，另外还需要幼儿护理志愿者和专业社会工作人才的参与，以及相应的专业协会的发展。例如，北京市最近成立了婴幼儿照护服务专业委员会，是一个很好的工作试点。专业协会的建设有利于团结和凝聚社会各界力量，推动高质量幼托服务的发展。

托育托幼社会服务体系建设需要积极发挥市场机制的作用。幼托服务中的某些部分具有市场化、产业化的价值，因此，应积极发挥市场作用，吸引社会资本的多元投资。在此过程中对幼托产业的投资政策、税收管理和行业监管是必要的。同时，充分的市场机制也能够提高公共部门的服务效率，能够不断优化资源配置，提高服务的质量，发挥新公共管理的效果。在社会主义市场经济体制的背景下，市场机制应该成为推动托育托幼服务治理机制的一个重要支柱。

总之，托育托幼政策是家庭政策体系的重要内容。在低生育率社会的基本背景下，需要构建整体性的提升婴幼儿和学龄前儿童托育托幼服务的社会服务体系，加强生育配套服务，并促进妇女和儿童的发展，实现妇女家庭和工作的良好平衡，增进家庭的生活福祉。同时，通过对婴幼儿健康和教育的不断投资，为未来世代人的发展和国家持续发展的能力建设提供支持。我国的托育托幼服务体系建设需要因地制宜、重视质量，充分发挥政府主导、社会建设和市场机制的协同治理，实现更加普惠性、更加符合中国国情特点的发展模式，以满足不同家庭对婴幼儿托育托幼服务多样性和差别性的需求。

第七章　低生育率和女性发展的两难

从20世纪90年代以来，我国人口的生育水平已经下降到更替水平以下，然后总体上在继续下降。2020年我国人口的总和生育率为1.3，2022年下降到1.07。人口生育率下降一定程度上是女性发展的结果，而在当前的低生育率社会下，女性生育和女性发展日益表现出相互制约的冲突关系。女性发展表现出降低生育意愿和生育行为，而女性生育又表现出制约女性发展的“母职惩罚”。本章将讨论如何应对低生育率和女性发展的两难，促进生育友好社会和女性发展目标的共同实现。

一、生育率转变中的女性发展

生育率转变表现为女性生育率的下降，在此过程中体现出女性生育和女性发展相互促进的协调关系。

从新中国成立到20世纪50年代初，由于战后和平和经济建设的发展，大量人口进入城市，女性就业发展带来避孕节育的需求。20世纪50年代后期以来，较低生产力水平下人口数量和经济发展的内在冲突表现得日益突出，人口控制的需求显得迫切，计划生育的管理设想逐步形成，在70年代后开始实施日益收紧的计划生育政策，我国经历了快速的生育率转变过程。随着改革开放以来市场经济和社会经济的发展，以及在计划生育政策的约束下，我国人口的生育水平明显下降。

生育率转变过程中虽然出现若干对女性发展具有不利影响的现象，例如出生人口性别比从80年代以后出现失衡，生育控制也限制了相当多的家庭的生育意愿，但是其总体后果是积极的。生育率转变过程保障了女性健康和促进了女性发展。生育率下降带来女性健康水平的提高，提高了生殖健康服务，降低了围产期死亡率，降低了育龄期女性的死亡率，女性预期寿命有很大提高。而且，生育率下降增加了女孩的受教育机会，带来女性就业和劳动参与水平提高，女性社会地位和家庭地位得到提高，以上构成具有综合积极效应的性别红利。①

此外，在女性发展过程中的女性受教育程度提高和女性就业，带动女性地位提高。女性就业增加了生育的机会成本，教育程度提高增强了女性的自主性，女性发展带来生育率下降，这支持了降低生育率和控制人口数量的人口政策目标。在生育率转变过程中，表现出生育率下降和女性发展的良好关系。

① 石智雷、张婷皮美:《性别红利：理解社会经济发展的新视角》,《中南财经政法大学学报》2020年第4期，第1—13页。

二、女性生育和女性发展的内在冲突

在完成了人口转变和进入低生育率社会后，我国人口的生育水平继续下降。长期持续的低生育水平增加了人口发展不可持续的风险。按照当前接近于1的总和生育率，根据联合国的人口预测结果，我国人口在21世纪末将下降到5亿；即使我国人口的生育水平逐步提高到1.5，我国人口在2100年也将下降到7.7亿左右。[①]考虑到当前我国人口的生育意愿大约在1.6左右，人口结婚率总体上在下降，平均结婚年龄仍然在推迟，“低生育率陷阱”的人口机制、社会机制和经济机制都在发挥作用，我国较大概率将长期处于人口低生育率的社会。长期低生育率带来我国劳动年龄人口总量和比重下降，人口老龄化状态下社会支出压力会增加，这些人口负增长的负面影响会表现得比较明显。

国家的生育政策已经进行了调整，2013年开始实施“单独二孩”，2016年实施“全面二孩”，2019年国务院办公厅印发《关于促进3岁以下婴幼儿照护服务发展的指导意见》，2019年十九届五中全会提出优化生育政策，增强生育政策包容性，并在十四五规划中做出了一系列安排。2021年发布《中共中央、国务院关于优化生育政策促进人口长期均衡发展的决定》，实施“可以三孩”。2022年，国家卫健委等17部门联合印发《关于进一步

---

① United Nations, Department of Economic and Social Affairs, Population Division (2022). World Population Prospects 2022: Data Sources. UN DESA/POP/2022/DC/NO. 9.

完善和落实积极生育支持措施的指导意见》。近十多年来生育政策的变化，表明了国家宏观规划希望生育水平有所提高，从而促进人口长期均衡发展的内在要求。

基于生育率下降和女性发展的相互作用，在低生育率社会中希望生育水平有所提高的人口政策背景下，女性生育和女性发展就日益表现出内在的冲突，出现一种提高人口生育率和促进女性发展的两难局面。

第一，女性生育对女性发展构成限制。

家庭中有未成年子女，给女性发展带来“母职惩罚”[①]，不利于女性的劳动参与，降低了女性的收入水平，并对女性未来的职业晋升产生影响。正如戈尔丁（Claudia Goldin）所述[②]，生育的母职惩罚造成女性在劳动市场上的一系列不利处境，影响女性发展。

同时，生育及其母职惩罚，也带来女性生活福祉的下降。生育会增加女性的双重负担（Double Burden）和双重责任（Double Shift），不利于女性生活质量。而且显然这种不利于女性生活质量的现象会延伸到降低家庭生活质量，例如常见的“七年之痒”可能部分与之相关，生育后带来家庭劳务增加引发家庭冲突，因此生育后分年数别的离婚率上升是可以理解的。[③]只有到孩子

---

① Budig Michelle, Paula England (2001). “The Wage Penalty for Motherhood”, *American Sociological Review*, 66 (2): 204—225.

② Goldin, Claudia and Lawrence Katz (2002). “The power of the pill: Oral contraceptives and women’s career and marriage decisions”, *Journal of Political Economy*, 110 (4), 730—770.

③ 许琪、邱泽奇、李建新：《真的有“七年之痒”吗？中国夫妻的离婚模式及其变迁趋势研究》，《社会学研究》2015 年第 5 期，第 216—241 页。

7岁以后进入小学学习，家庭中的生育抚育负担下降，婚姻生活才日益稳定，家庭生活质量才有所提高。

女性的生育责任使其在劳动力市场处于不平等的地位，她们往往在就业过程中感受到明显的性别歧视。雇佣女性对企业来说会使生产成本增加，甚至一些企业会要求新雇佣的女性劳动者在若干年内不能生育子女。这导致在同等条件下，女性的就业更加困难，或者在企业面临困境时，女性也更容易失业。

生育对女性发展的不利影响还表现在限制中高年龄女性的发展。我们看到，女性退休年龄为55岁，而女性的预期寿命实际上更长，这构成一种不利于女性发展的矛盾。女性具有更早的法定退休年龄，某种意义上是对女性的保护，而且内在地基于家庭生活的具体需求，即女性55岁退休是与在家庭再生产模式中，青年夫妇生育后往往需要家庭中的祖辈提供婴幼儿照护相联系的，这种祖辈抚育也往往是由女性老人提供的。因此，家庭生育和祖辈抚育需求造成女性更早或长期离开劳动力市场，这进一步对女性收入水平和长期发展带来不利影响。

第二，女性发展对女性生育的限制。

在低生育率社会中，女性生育和女性发展矛盾关系的另一面，是女性发展会影响生育意愿和生育行为，进一步强化低生育水平。由于个人主义、物质主义，以及女性主义乃至于女权主义的极端思想，女性主义者甚至在某种程度上以不结婚、不生育作为一种社会思潮，作为女性发展的实现道路，这强化了低生育率的状况。正如van de Kaa等在“第二次人口转变”观点中所提出的，社会变迁表现出女性发展和自主性增强、结婚率下降、离婚率上升，同居现象更加普遍，这些和生育率继续下降存在着关联，和低生育率社会下试图提高人口生育水平的目标产生内在冲突。

女性的劳动力市场机制以及家庭-工作时间分配的压力，对生育率产生限制作用。女性社会就业和制度化社会平等的提高表现出降低人口的生育意愿和生育行为。当然，这个结论并不必然如此。例如蒙克的研究发现，女性就业会提高女性对生活的安定感和确定性，从而会增加女性的生育意愿[①]。就业和生育之间的积极联系也提示我们，女性发展和生育率的提高是可以共同改善的。

女性发展限制女性生育，还体现在低生育率社会状态下女性生育的继续下降实际上还会不利于女性实现其生育意愿。相对于在生育率转变过程中，女性生育水平是高于其生育意愿，生育率下降帮助女性避免了“非意愿的怀孕”，帮助女性实现其生育意愿；在低生育率社会下，女性的实际生育水平已经低于其生育意愿。侯佳伟在21世纪初的研究指出我国人口的生育意愿在1.6—1.8之间，近期的若干研究也表明我国人口的生育意愿在进一步下降，大约在1.6左右。女性的生育意愿高于实际的生育水平，即存在“未满足的怀孕”。也就是说，低生育率社会使女性不能满足其相对更高的生育意愿，这里存在“不敢生”和“不能生”的现象。低生育率社会下女性发展对于女性生育的抑制作用，不仅和宏观人口长期均衡发展目标所希望的提高生育水平形成背离，也和女性生育需求和生育意愿产生背离。

---

① 蒙克：《“就业-生育”关系转变和双薪型家庭政策的兴起——从发达国家经验看我国“二孩”时代家庭政策》,《社会学研究》2017年第5期，第218—241+246页。

在低生育率社会的背景下，人口低生育率和长期的低生育水平对人口可持续发展带来警示，而低生育率和女性发展也表现出两难。这种两难表现在生育率目标、生育意愿的满足和女性发展之间的冲突。这种两难困境简言之，即：在低生育率社会下如果要提高生育水平，似乎就会增加女性发展的压力和惩罚，从而不利于女性发展；如果要追求女性发展，可能就会继续压低人口生育率，并影响女性生育需求。

因此人们需要探讨，在低生育率社会下，是否能够实现一种人口生育水平有所提高，同时女性发展可以继续进步的协调状态？

三、生育友好和女性发展目标的共同实现

在低生育率社会下，破除低生育率和女性发展的两难，实现女性发展和生育水平的共同提高，这样目标是可以实现的。米尔斯吉拉（Mikko Myrskyla）等对世界 150 多个国家的研究发现，人类发展指数（HDI）在 0.8 以下时，表现出发展水平提高和生育率的下降，也就是“发展是最好的避孕药”；随着 HDI 继续提高，低生育率出现了一定程度的反弹，HDI 和生育率呈现 J 型曲线。① 对 30 多个较为发达国家的研究发现，人类发展指数提高和人口生育率先下降再反弹的趋势表现得尤其明显，而且以性别平等指数来衡量的女性发展和人口生育率的关系，则表现出随着性

① Myrskyla, Mikko, Hans-Peter Kohler, Francesco Billari (2009), “Advances in Development Reverse Fertility Declines”, *Nature*, September.

别平等和女性发展水平的提高，人口生育率下降的趋势会逐步减缓；在性别平等指数达到0.7左右，人口生育水平会转向反弹；在性别平等达到更高程度以后，人口生育水平将继续提高，但是提高的幅度有所减少。① 所以，长期低生育率的状况下，生育率反弹与人类发展指数HDI包括女性发展的提高是可以同时实现的，或者说女性发展和人类发展的进步会带来生育率的提高。

欧洲若干国家的生育率反弹和女性发展的共同实现，虽然才出现一些积极的萌芽，但是这为陷入在低生育率和女性发展两难境地之下的我国未来的女性生育和女性发展透露出一线希望。在低生育率社会的背景下，摆脱生育下降和女性发展的两难，构建出女性生育水平提高和女性发展的一个新的协调关系是可以预期的。

关于如何实现人口生育率反转提高和女性发展的良好协调，我们可以总结出一些基本的经验。这样的现实实践还并没有充分地展开，所以现在还只能够做一些理论讨论和发展设想。

（一）改变家庭部门

实现低生育率社会下女性生育和女性发展的相互促进，第一个协调机制是改变家庭部门。

较多实证研究表明，女性社会就业和社会地位的提高和生育水平存在负向关系。但是，也有研究表明，女性就业的提高实际

① Myrskyla, Mikko, Hans-Peter Kohler, Francesco Billari (2011), “High Development and Fertility: Fertility at older reproductive ages and gender equaliy explain the positive link”, *MPIDR working paper 2011–017*, October 2011.

上会增加女性的生育意愿。① 所以，真实的原因不是女性就业和女性社会地位提高会降低其生育水平，而是如麦克唐纳、安德森等所认为的，女性社会就业性别平等和家庭生活性别平等的不匹配会限制女性生育。② 女性的社会就业和劳动参与得到增强，促进了制度性的性别平等；而女性在家庭劳务中相对更多的劳动，会增加女性的生活压力，减弱女性的生育意愿。在这个意义上，女性生育行为下降是女性对现代社会中家庭劳务和家庭地位不平等的“抗争”和“投反对票”。

因此，一个已经被广泛讨论的推论是，增加丈夫对家庭劳务的参与，使男性和女性在家庭生活中更加平等，会提高女性的家庭地位和决策能力，这会提高女性的生育意愿。这种相关关系在欧美国家实证研究中已经得到证实。但是，在中国的研究有不同的结果，一些学者如许琪等发现中国家庭劳务中的男性参与事实上并不影响女性的生育意愿。③ 我们的最近研究也发现类似结果，说明不同国家由于具体国情不同，家庭劳务安排和人口生育行为表现出不同的特点。

我国家庭中丈夫对家庭劳务的参与未必会影响女性生育，其主要原因在于，我国家庭劳务模式相当明显的特点是，通过祖辈

---

① 蒙克：《“就业—生育”关系转变和双薪型家庭政策的兴起——从发达国家经验看我国“二孩”时代家庭政策》，《社会学研究》2017 年第 5 期，第 218—241+246 页。

② McDonald, Peter (2000) “Gender Equity in Theories of Fertility Transition”, *Population and Development Review*, 26 (3): 427—439; Anderson, Thomas and Hans-Peter Kohler. (2015). “Low Fertility, Socioeconomic Development and Gender Equity”, *Population and Development Review*, 41 (3): 381—407.

③ 许琪：《性别公平理论在中国成立吗？——家务劳动分工、隔代养育与女性的生育行为》，《江苏社会科学》2021 年第 4 期，第 47—58 页。

抚育提供家庭劳务，这使得男性在家庭中的劳务投入实际上并不会提高女性的生育意愿。甚至我们的研究还表明，男性在家庭中的劳务参与还会降低男性的生育意愿。也许，如果男性觉得家庭劳务比较辛苦，男性的生育意愿也会下降。这些研究凸显出我国家庭生活和女性生育的具体特点，但并不是说，不必鼓励男性参与家庭劳务。鼓励男性参与家庭劳务，仍然有利于促进家庭内部的性别平等，有利于女性的发展，其不会直接有利于提高女性的生育意愿，但是会缓解生育对女性的母职惩罚。

改变家庭部门的另一项启示在于，增加家庭生活的福祉会有利于女性发展和女性生育。家庭经济收入的提高，会有利于提高女性的生育。在同样的儿童养育模式下，增加家庭收入会降低生育和抚育的压力，会提高女性的生育。这里的情况仍然是多样性的，例如根据日本和韩国的经验，生育津贴并不能提高生育意愿。因为生育津贴在降低生育成本的同时，会促使孩子养育质量对养育数量的替代，这抵消了生育津贴对孩子数量“购买”的作用。然而，生育津贴虽然没能提高女性的生育水平，但是数据表明生育津贴至少会避免女性生育的继续下降。总体来说，通过充分的生育津贴和家庭政策增加家庭的生活福祉和发展能力，有助于增加对孩子的需求。如果增加一个孩子不会使家庭福利下降，甚至能使家庭总福利得到提高，还是会增加人们生育孩子的动机。

通过改变家庭部门，构造女性生育和女性发展的相互促进关系，还表现在提高家庭婚姻的质量是重要的。幸福的家庭生活有利于女性生育，例如，我们的研究发现①，更高的婚姻质量会增加

① 任远、金雁:《婚姻质量对多孩生育影响及生育二孩打算的影响》,《人口学刊》2022 年第 2 期。

人们的生育意愿，并增加其多孩生育意愿具体加以实现的概率。这对女性来说表现得尤其明显。婚姻幸福本身是女性发展和生活质量的重要内容，更美满的婚姻会带来生育意愿和生育水平的提高。所以女性生育和女性发展在这个意义上可以实现相互促进。

（二）改变社会部门

在低生育率社会中实现女性生育和女性发展的良好关系，第二个协调机制是改变当前的社会部门。

当前家庭发展已经得到较多重视，认为需要增强家庭对于养老和抚育的功能和责任。但是，我们也应该看到，在既有的社会制度环境的约束之下，强调家庭作用很可能会强化“男主外、女主内”的模式，成为一个限制女性发展的机制。也就是说片面强调家庭，会固化生育对女性发展的母职惩罚。

所以，在低生育率社会中实现生育水平提高和女性发展的另一个协调机制是改变社会部门。通过改革社会服务体系，促进和支持女性就业、女性发展，并因此促进改变女性“不敢生”的情况，提高女性的生育行为，并支持女性的生育意愿。在现有社会部门的制度框架和社会运行中，对女性生育存在很多限制因素，例如托育托幼的压力、教育的压力、住房的压力、老年长期照护的压力等，这些领域的福利制度改革都有利于女性发展，对女性生育具有支持作用。例如，我们的研究发现，托育托幼服务体系发展对缓解女性生育惩罚，促进女性劳动力市场参与具有积极作用。家庭中有 0—2 岁的婴幼儿会显著降低女性的劳动参与，构成一种生育带来的母职惩罚，但是如果她们获得了相应的机构托育支持，会显著增加其劳动参与。而且，家庭中有婴幼儿且得到机构托育服务的女性劳动参与，和没有0—2岁婴幼儿的女性劳动参与没有显著差异。①这说明托育托幼服务能够有效缓解对女性的母职惩罚，并因此支持女性的生育和发展。因此，我们应该积极发展社会化的托育服务，及社会化的养老、教育、住房等服务体系，这才能够使女性从家庭劳务中解脱出来，这些社会部门的改革有利于她们实现其生育意愿，有利于女性的就业和发展。

社会部门的改变还包括需要规范就业体系，及扩展更加弹性灵活的就业方式。戈尔丁提出女性由于存在生育和家庭劳务的压力，不得不在市场竞争中放弃“贪婪的工作”，这是造成女性在劳动力市场中相对收入较低的重要原因。这也说明，劳动力市场的就业竞争和“996”的就业模式，对女性协调工作-家庭冲突带来压力。而如果我们认为女性就业实际上会有利于其提高生育意愿，那么解决低生育率的对策就不是降低女性的就业参与从而来提高生育，而是发展更加规范的就业、更加“不贪婪的工作”、更加稳定的收入，以及提供更加灵活的工作方式，例如提供在线工作，提供工作场所的托育托幼服务，加强公共场所的母婴服务设施等，通过社会部门的改变会有利于女性发展和女性生育实现良好协调。

对于社会部门的改革，本质上也会有利于家庭部门的女性发展的相应变化。女性在社会制度结构中的教育提高、就业提高、性别平等的提高和社会地位提高，会有利于提高女性的家庭地位，通过社会进步改变家庭生活、增进家庭福利，也将更加有利于女性生育。

---

① 任远、韦丰:《婴幼儿机构托育对女性劳动参与的影响》,《南方人口》2022年第5期。

（三）生育和家庭生活兼容的社会政策

低生育率社会中实现女性生育和女性发展的协调促进，第三个协调机制是在公共政策实施中协调完善生育政策和家庭政策。

女性生育和女性发展的相互冲突也表明，生育政策和女性发展政策未必就是相互契合的。促进女性教育和女性发展的政策有的时候会不利于生育，婚姻和生育政策的改变有的时候也会对女性发展构成母职惩罚。所以在各种支持生育和女性发展的社会政策工具箱中，需要实施对生育友好的家庭政策来促进女性发展和性别平等，以及实施对女性友好的生育政策。

就生育政策来说，我们正在积极实施可以三孩、生育包容，及支持生育的相关政策。实施对女性发展友好的生育支持政策，提示我们不仅仅要重视加强生育的配套服务，也需要考虑生育配套服务对女性发展的影响。在对生育政策的调整中，如果说没有充分地对生殖、抚育和教育提供社会配套的支持，实际上会加重女性发展的困难，也会弱化生育政策的效果。一些生育配套政策会产生或者会加重对女性发展的不利影响，例如简单地延长产假、哺乳假等，这会恶化女性在劳动力市场上的不利地位，实际上不利于女性发展。因此，在生育配套政策的实施过程中，应该确保生育政策的实施要有利于女性发展。

进一步来看，我们需要根据是否能够更好地支持女性发展，来实施对女性的生育服务。例如部分女性因为其工作和事业发展，希望推迟生育，我们不能认为这样的女性发展需求是“自私的”，而是需要在合适的条件下，尽力支持女性的高龄生育和提供辅助生殖服务，使得女性能够更合理地安排生育的时间，也能够更合理地安排其工作发展和生育，从而可以促进生育的自由，且能够在自己工作发展期的不同时间内，更好地安排自己的生育和发展。

实施对女性友好的生育政策，还包括在生育政策工具中重视女性的健康。在从高生育率向低生育率转变的过程中，我们看到避孕节育是有利于女性健康的生育政策。然而，在低生育率下，与生育关联的政策实施和女性健康未必都是相互契合的。例如，一个值得关注的突出现象，当前女性人工流产数量在进一步提高。并不是如大家想象，由于对生育的限制和控制在放松，所以人工流产减少了，而是当前每年的人工流产数量在增加，已经达到每年 900 万例左右。这个数据甚至已经和每年出生人口数量相接近，人工流产数相对于每年出生人口数之比也在提高。如果降低人工流产，逻辑上会有助于提高出生人口数量，而降低非医学原因的人工流产，也会对女性健康具有积极作用，因为女性人工流产本身也是对女性健康的一种伤害。值得研究的是，现在已经降低了因为生育数量限制而发生人工流产的情况，那么女性怀孕以后为什么选择人工流产呢？相关的深入研究显得必要。当前社会中较高的人工流产比例和数量，说明在低生育率社会下避孕节育仍然具有作用，仍然需要积极避免非意愿的怀孕，但是还要重视一些并非是“非意愿的怀孕”而是不得不去流产的“非许可的怀孕”，特别是未婚生育等。由于非婚生育受到各种限制，使得女性不得不人工流产，而人口流产本身是不利于女性健康的。在这样的背景下，在生育政策中加强生殖抚育服务和对非婚生育的支持，会有利于女性生育，也会直接有助于女性健康。

在加强实施对女性友好的生育政策时，我们也看到，部分女性在生育过程中还受到一些政策的限制，例如流动女性人口在流入地仍然存在着生育服务的不平等，她们缺乏生育保险，在生育健康服务、新生儿抚育教育服务上存在限制。对流动人口女性的生育服务均等化提供社会支持，会更好地促进女性发展，并且也会有利于提高生育率。现在我国流动人口的生育率比本地人口生育率更低，这从中断效应来解释是可以理解的，但是，从社会化经历来看，流动人口的生育水平应该比城市本地人口更高，那么流动人口更低的生育率实际上在一定程度上受到对流动人口生育支持相对不足的影响。

在实施更加有利于女性发展的生育政策时，我们还可以设想，在开展生育和托育服务、生育健康服务等人口投资等，可以和女性发展有机结合起来。例如我们现在讨论生育津贴，考虑到生育对女性发展具有的母职惩罚，那么可以在生育津贴中增加部分促进女性教育和职业发展的再就业投资，使得对女性生育的投资能够更加有利于女性发展，以及减少母职惩罚，这些会有利于促进女性生育和女性发展的共同进步。

在加强女性生育和女性发展相互友好的社会政策建设的另一个方面，我们同时需要实施对生育和家庭友好的女性发展政策。

在积极推动女性发展、促进实现性别平等的社会政策实践过程中，需要考虑和避免对生育和家庭生活的不利影响。例如若强调女性主义到了将不结婚、不生育作为女性进步的程度，这未必是合适的女性主义。如果社会服务的配套环境没有相应改变，单方面强调女性就业、创造和发展，鼓励女性平等和“从事贪婪”的工作，这看起来是促进女性发展，实际上反而会强化对女性工作和家庭的双重压力。

因此，我们需要将女性的家庭生活和生育过程同时纳入女性发展政策，积极促进工作与家庭的平衡。根据女性生育的具体需求，完善生育保险制度，增加和完善弹性就业制度，以及更多地实施在线就业的方式，采用更加儿童友好的工作环境安排和时间管理，例如支持父母带着婴幼儿一起上班，这样使得女性能够更好地协调工作-家庭的冲突。除了可以通过女性的产假、哺乳假、育儿假这些女性生育假期来提高女性福利，通过社会部门劳动力就业方式的改革，同样会有利于协调女性生育和女性发展，并会减少生育对于女性发展的母职惩罚。

促进对女性生育友好的女性发展，本身会有利于更好促进全面的女性发展和整体福利的提高。女性发展包括就业和劳动参与、社会和政治参与，也应该包括女性健康和家庭生活。在这个意义上看，对女性的生育服务也有利于女性发展。女性发展不能将女性的家庭生活和生育排斥在外，应同时将支持生育和健康促进、满足女性生育意愿作为女性发展的组成部分。通过生育和家庭政策和生育期服务的各种投资，可以提高生育期服务质量，有利于减少出生缺陷率，使生育质量得到提高，这些也有利于女性的健康和促进女性的全面发展。

总之，在公共政策领域应促进生育政策和女性发展政策的兼容，这有利于在女性发展的过程中逐步提高女性生育意愿和生育行为，减少未满足的怀孕；同时减轻和避免生育关联的母职惩罚，促进女性全面发展和性别平等。通过实施生育友好和女性发展兼容的社会政策，有利于逐步提高生育率和促进女性发展，实现在女性发展和性别平等过程中的生育率提高，以及在生育率提高和女性生育意愿得到更好满足过程中的女性全面发展。

四、家庭再生产和社会化大生产

低生育率和女性发展的两难，表现在低生育率社会下女性生育需求、生育行为和女性发展之间的内在矛盾。而这种冲突是由家庭和人口再生产和社会化大生产二元结构所造成的。

就业和劳动参与已经资本主义化和更加个体化，性别平等化得到发展，但是家庭生活部门中仍然存在明显的性别不平等和女性更多的劳务投入，同时女性在家庭和生育过程中的劳务在社会财富贡献中没有得到有效体现。也就是说，在社会变迁过程中，男性已经不再“主外”，但是女性仍然“主内”，这加剧了女性生育和女性发展的内在紧张。需要突破这种家庭部门和社会部门的内在紧张，才能使女性生育和女性发展达到新的协调关系。

在这种情况下，回归到“男主外，女主内”的模式，并不利于实现女性生育和女性发展的共同进步。通过家庭部门的调整改变、社会部门的改革改变，以及公共政策部门的生育家庭政策和女性发展政策的兼容协调，才能够解决现代化过程中女性生育和女性发展的两难。

突破家庭再生产和社会化大生产之间的二元对立和内在紧张，一方面要求国家和市场的社会化大生产制度进入家庭，以及将家庭生活纳入公共政策的视野，加强家庭和生育政策。这要求发展福利性的家庭政策，女性发展政策，托育托幼服务政策和更加社会化的福利体系。同时，需要将社会性别平等和女性发展的实践从社会部门扩展到家庭生活，减少女性社会就业平等化和家庭生活平等化的落差，这样会在女性发展过程中带动女性生育的变化，促进女性生育意愿的满足。

破解家庭再生产和社会化大生产之间二元矛盾也有另外一种道路，我们需要塑造一种新的女性发展和性别平等的认识。很大程度上，当前对女性发展和性别平等的认识是建立在女性劳动参与和资本主义体系下的，女性发展被认为是社会的、女性生育则被认为是家庭的，因此强化了二者的对立。

对女性发展的理解很大程度上将女性的家庭生活和生育排斥在外，甚至将人口的健康和生活福祉排斥在外。关于性别平等和女性发展，往往是用经济收入的高低、劳动参与率的高低等来加以衡量。破除家庭生产和社会就业的二元对立，呼唤树立一种新的女性发展观，使得女性发展和女性地位不仅仅依靠资本和市场得到衡量，使得家庭的生活福祉、女性在家庭再生产中的地位作用，及将生命的价值和成长得到充分的突显，才能更好地尊重女性的社会劳动和家庭劳动，使得女性发展、并且使女性的劳动能够更好地得到社会的认可。因此，需要形成更广泛的女性发展和性别平等的思想，将家庭福利和女性生育包容纳入到女性发展的整体框架中，将家庭和生育也构成女性发展政策的组成部分。

也就是说，破解低生育率社会和女性发展的两难，可能需要一种新的女性主义。这种女性主义不仅重视女性市场价值的实现，同时也要重视女性和家庭生活、生育和生命价值的实现，使得女性家庭生产的价值能够得到充分认可和实现，包括女性社会价值的实现。在这种情况之下，基于新的女性主义的基础上，可以促进国家、社会和市场，家庭生活和工作劳动的关系得到良好的协调，男性和女性能够根据自身的意愿追求和实现自身的发展和成长，这样的社会进步才是女性生育意愿满足和实现更全面女性发展的出路。

可以乐观地判断，在现代化和社会变迁过程的未来，能够实现女性发展、性别平等继续进步，以及女性生育水平能够出现反弹和有所回升。那么，当前社会的低生育率不是女性发展太高的结果，实际上是女性发展不足、女性生育受到限制的反映，因为女性的生育意愿高于其生育水平，女性的发展不足以支持其生育的实现。长期的低生育率恰恰是具体的制度环境下不利于女性和生育发展的一种结果，是薄弱的福利制度、性别不平等的社会制度、家庭劳务部门和市场就业部门二元结构的反映。

这提示我们，需要通过制度环境来支持女性的发展，并因此支持女性生育意愿的实现。需要加强生育的服务和支持，并因此更好地支持女性的发展。通过家庭部门、社会部门双重的改革调整，以及更紧密地实施家庭友好的生育政策和生育友好的女性发展，这才是破解低生育率和女性发展两难的对策，也才能据此构建低生育率社会下社会进步和女性发展的未来。

第八章　转向一种适应性的人口政策

中国的人口发展强烈地受到制度因素和人口政策的影响。人口政策是合理处置人口事务、实现人口发展的行政工具。广义的人口政策不仅包括生育政策，也包括人口结构、人口分布、人口素质及人口变动所关联的综合人口事务的公共政策。长期以来对于生育问题的重视，使人口政策在很大程度下更多地关注于生育政策。计划生育制度在20世纪70年代以来、特别是80年代成为我国的基本制度，并被写入了宪法。“提倡一对夫妇生育一个孩子”也成为改革开放以后较长时期所坚持的人口政策。

本文从生育政策的视角来讨论我国人口政策的基本理念变化和未来转型。文章首先提出两种人口政策：一种是调节性的人口政策，一种是适应性的人口政策。本文提出我国长期以来的人口实践重视调节性的人口政策，并对调节性人口政策的逻辑基础进行反思。作者指出，我国在低生育率社会的背景下应该逐步转向适应性的人口政策，增强对家庭发展能力的支持，为不同人口群体和生育不同阶段提供适应性的服务，并在此基础上建设生育友好型社会。

一、人口变动与人口政策选择

我国的人口增长已经在2022年基本达到顶部，并开始出现长期的人口下降。可以确定的是，在中长期中，我国人口结构的老龄化趋势不可避免，劳动年龄人口比重将持续下降。我国将继续保持在人口低生育率的状态。中长期的人口生育率会有很小的概率会回到更替水平以上。

如果我们意识到人口变动的确定性，更加需要考虑的不是着力于改变人口变动和人口格局，而是更加重视如何适应人口变动以实现良好的社会经济发展。即适应劳动力数量的下降，提高资本有机构成和提高劳动者的劳动生产率，促进就业和努力减少劳动参与率的下降；适应长期低生育率的社会来增强家庭发展能力；以及适应人口老龄化构建老龄社会的经济社会制度安排。这些应该是当前人口政策的着力点，人口政策应该适应人口变动的内在规律，为已经出现的低生育率社会、正在发展的老龄化社会，以及大量人口迁移流动的移民社会做好准备，完善人口与发展的协调关系，而不是违反规律地试图对人口数量、结构和分布进行简单调节。

但是，我们也应意识到人口变动本身具有相当的不确定性。特别是，如果说人口的短期变动是相当确定性的，人口的长期变动其实处于非常大的概率性和或然性的状态。因此良好的人口政策，以及人口政策和其他社会经济政策发挥综合的作用，也有必要对于人口的行为和人口状况的变化进行适当的调节，使人口发展实现一个良好的目标，同时使人口与发展实现良好的协调。一个成功的人口政策被认为是能够促进实现可持续发展目标的人口政策，以及由此引导人口过程的合理变化以实现人口与发展的协调发展目标。

由此，就有两种人口政策：一种是适应性的人口政策，一种是调节性的人口政策。适应性的人口政策，是面对人口变动的影响，来适应和应对人口变动产生的相关人口事务，包括积极应对老龄化、应对低生育率社会、应对人口结构的变动，等等。另一种是调节性的人口政策，是对人口过程进行干预，对人口本身的状况和结构进行动态调整，使其达到一个理想的目标。

二、调节性的人口政策

（一）调节性人口政策的历史演进

基于计划经济时期形成的“不仅是经济生产需要计划，对人口也可以有计划”的想法，从20世纪70年代以来，我们比较强调调节性的人口政策，重视对人口的生育行为进行干预，并试图影响人口总量和人口结构的变化。这种调节性人口政策的最初起点，是试图协调人口和发展严重的不平衡，并减少人口的贫穷。从20世纪80年代开始，这种人口政策就计划在2000年将人口控制在12亿人，并因此形成严格的“一孩政策”，通过行政性的手段来对家庭夫妇的生育行为进行指导和干预。进入21世纪以后，人口政策也被作为在2020年实现人均GDP翻两番目标的工具。对调节性人口政策的偏好，可以在国家和地方的中长期规划和五年计划中的人口规划中普遍表现出来。

在计划经济的体制环境中，调节性的人口政策采取的是一种比较行政性的调控手段。到了20世纪90年代以后，随着社会主义市场经济的建立，国家也越来越利用社会经济等间接性手段来实施人口的调节和控制，也就是计划生育的利益导向机制和经济惩罚机制的广泛实行。利益导向的制度包括对计划生育家庭的奖励扶助，而经济惩罚则是对违反计划生育的行为征收社会抚养费，这些基于经济手段的人口政策，总体上是有着管理人口的生育行为和调节人口变动的目标。

在20世纪70年代以来，以降低生育率和控制人口增长为基本主线，我国的人口政策实际上一直在进行微调。在进入21世纪以后，伴随着人口的变动，人口政策也进行了从“双独二孩”到“单独二孩”的调整。2016年初开始施行“全面二孩”政策，使得这个调节性政策的调节方向发生了变化。[①] 提倡两个孩子，政策生育率开始高于意愿生育率和实际的生育水平，使人口政策的方向总体上已经成为提倡更多生育的政策，甚至也很快出现了“鼓励生育”的导向性话语。当前社会舆论出现的另一个倾向是认为过低的生育率将使国家发展陷入困境，生育率下降、劳动年龄人口总量下降和老龄化的上升形成了“人口危机”，需要通过生育政策的调节作用来鼓励生育、提高生育率。

但是，从通过人口政策来调节人口变动的角度来说，将人口政策定位于“鼓励生育”，却未必是正确的。这并不是因为当前

① 参见任远：《定位和定向：我国生育政策未来》，《探索与争鸣》2017年第7期。

生育率的具体水平仍然需要进一步的动态监测。实际上，当前的生育水平如果不是完全明确的，也是基本明确的。正如同我们不能像在21世纪初期困扰于对生育率数据和真实生育水平的反复争论而耽误了生育政策的改革，将生育水平的统计争论作为阻碍“全面二孩”以后生育政策进一步改革的借口，或者纠缠于数据计算使人口政策改革失去方向是不合时宜的。

实际上，当前时期，通过“鼓励生育”来实现人口与发展的平衡未必有充足的理由。由于生育率下降带来的劳动力短缺，直到21世纪中期实际上并不存在，从中长期来看我国的劳动年龄人口总量并不缺乏，其比重也并不低。通过生育率调整来降低人口老龄化程度所发挥的作用，实际也是非常微弱的。而且客观来说，我国的老龄化程度也并不显得极高。在人口变动过程中，我国人口与发展的不利关系将逐步呈现，但没有表现得非常尖锐。人口变动的负增长对经济发展的阻碍关系，并没有得到充分的证明。至少目前的实证数据表明，老龄化和经济增长呈正向关系，劳动年龄人口下降和经济增长也具有正向关系。对于中国经济增长而言，劳动力资源的配置比劳动力的年龄结构更加重要，这使得试图通过人口政策来解决经济问题并非是有效的。

在人口政策调整的过渡时期，过分强调“鼓励生育”，则会凸显出一些逻辑上的悖论。例如一方面鼓励生育，一方面还对三孩及以上的家庭征收抚养费，这是相互矛盾并在政策上是相互抵触的。当前人口政策的逐步转变，显然更加需要对生育政策内部的执行、实施方式进行转向性的调整，并首先放弃对生育数量的行政限制，实现“全面放开、自主生育”，然后才是考虑鼓励生育的问题。

同时，人口政策也需要和各种社会政策一起发挥作用。进入21世纪以来，生育率的影响因素已经不主要是生育政策，更主要是各种社会经济因素。城市化的发展增加了生育的成本，妇女受教育程度的提高和妇女就业率的提高进一步增加了生育的机会成本。育龄妇女的平均结婚年龄推迟对生育率的下降具有进度效应。另外，结婚率的下降、离婚率的上升等，都对生育率带来客观的限制。忽略育龄妇女不愿意生育的原因而片面强调“鼓励生育”，实际上会以损害妇女地位、损害家庭发展为代价，这不仅在事实上和“全面二孩”政策一样难以奏效，而且，在“鼓励生育”目标下各种对人口生育的调节，例如设立未婚夫妇缴纳的生育基金[①]，如果偏离了人口生育的意愿，也可能带来反对意见。

对人口政策发挥作用的社会经济环境，以及其他关联的社会保障和社会服务政策需要有一个相互协调的配套，就业和经济生产方式的状况、社会观念的变化、社会经济生活的具体环境都需要一个逐步转变的过程，因此在现实的外部环境中，片面提倡“鼓励生育”是并不必要也并不可行的。

（二）对调节性人口政策的反思

对很多学者来说，调节性的人口政策还存在一个将人口达到“理想目标”的未来图景。例如在20世纪80年代初，经过计算

① 刘志彪和张晔在2018年提出建立生育基金制度，即年轻夫妇将工资按一定比例缴纳生育基金，在生育子女以后可以取出生育基金以补偿生育成本，以此作为提高生育率的手段，该建议引起广泛的讨论。参见刘志彪、张晔：《提高生育率：新时代中国人口发展的新任务》，《新华日报》2018年8月14日。

将人口目标确定为在2000年达到12亿，因此与之关联的就需要极其严格的一胎化的政策实施。在21世纪初，将总和生育率的理想水平确定为1.8，这也是基于在2020年达到国民经济发展目标的理想设计。

最近，这种理想状态也表现为人口发展的长期均衡。无论是人口的内部均衡，还是外部均衡，可能更加是一种发展的原则，而不能成为对人口发展的具体衡量。对人口发展的内在均衡，显然受到了洛特加关于静止人口模型的影响，以及受到凯菲兹的著名的断语，即“当一对夫妇生育2个以上的子女，人口就会不断爆炸；而人口的总和生育率如果小于2，人口将会逐步衰亡”①。在此情况下，人口政策如果能够将人口长期控制在生育二孩的理想状态，那么全面二孩政策和按政策生育，是有利于人口长期均衡的。

在调节性的人口政策下，国家总是有计划地将人口发展确定出一个目标，实际上隐含着一种理想人口状态的实现。这样的理想的人口状况，有时还与人口容量、人口承载力等概念结合在一起，确定了人口规划的底线和边界的限度，成为决定国家或一个地区人口政策的基础。

但实际上正如索维所说，所谓理想的人口、合理的人口，无非是一个“数学上的虚数”②，是一个指导性的原则。这个理想的人口涉及相当多的指标和各种不同的标准，因此所谓的理想人口

① Keyfitz, N., *Applied Mathematical Demography*, New York: Springer-Verlag, 1985.

② 参见阿尔弗雷得·索维:《人口通论》(上册)，商务印书馆1983年中文版，第55页。

的数值，在长期的现实中其实是“存在着但实际找不到”的，或者说，人口实际上是有内在地实现最优的趋势。考虑到社会经济的发展、资源的不断开发、技术的进步和资源利用水平的变化，所谓的适度人口和理想的最优值，无非是“想象中的乌托邦”。将人口确定出一个远期的最优点，实际上是不现实的。用这种乌托邦来作为人口政策的指南，并直接来干涉人口的行为，以及斧凿出未来的人口状况，实际上往往是削足适履的。

从这个意义上看，主观地试图调节人口达到所谓的最优，实际上却往往会背离人口发展的内在规律。因为人口和发展存在内生的相互作用，忽视了具体社会经济发展而试图确定出最优的人口，往往具有刻舟求剑的片面性。人口政策的僵硬调节，固然是以追求最优为目标，但是却可能造成了非最优的结果，导致人口与发展的不协调。一些以人口平衡为导向的人口政策，却往往会造成新的人口与发展的不平衡。

更重要的是，我们也越来越意识到，生育本身是家庭夫妇的自主选择。在生育问题上，国家应该考虑的是为生育提供相应的服务，而不是指导人口生育的行为和数量。政府应该对意愿生育的人口提供支持生育的服务，也应该对不意愿生育的家庭提供避孕节育的公共服务支持。政府应该加强对生育的服务，而不是简单地鼓励生育。

那么，考虑到妇女的意愿生育率已经是低于政策生育率，我们需要考虑的不是让妇女按照政策生育，而是需要理解家庭夫妇意愿生育率和实际生育行为极低的原因，从而才能改变那些使妇女生育意愿不能实现的因素，从而支持妇女生育的理性选择。不重视采取措施以提高家庭夫妇生育的意愿和理性，而过分关注家庭夫妇的生育行为，那么强调鼓励生育便和限制生育一样，其实都是违反家庭夫妇的利益和具体需求的。

“鼓励生育”和“限制生育”都是类似的想法，是过度地干预了家庭夫妇的生育行为选择，而忽视了生育本身是家庭夫妇主观意愿和自主选择的结果。政府的人口政策存在一定的限度，实际上不应越俎代庖地对家庭夫妇的生育行为进行决策，而应通过公共政策改革外部环境，来改变生育者的理性、意愿，以及通过生育的公共服务，增强他们的知识和选择性。

因此，调节性人口政策的价值，实际上不在于调节生育的行为，而在于调节影响生育意愿和生育行为的社会经济因素，增强家庭夫妇对生育的知识、理性和选择。调节性人口政策的目的，也并不应该是试图实现一个理想的人口目标，而是应该努力促进人口变动和发展体系的有机协调关系。而这恰恰是当前以人口数量作为目标关注、以对人口生育行为进行指导和调节的人口政策所未必足够关注的。

三、适应性的人口政策

如果说在20世纪70—90年代，人口发展重视调节性的人口政策，具有协调人口发展和经济增长紧张关系的具体考量，人口政策也在相当程度上具有促进实现生育率下降的人口转变的主要目的。那么在当前时期，人口发展和经济增长的紧张关系已经得到相当程度的缓解，人口政策本身对于人口变动的调节作用也在弱化。因此，政府的人口政策应该逐步改变对于生育本身的调节，而应该转为对于生育的支持和服务，坚持家庭的自主生育和自主选择，将人口政策更加转向于适应家庭夫妇的生育和生殖健康的需求而提供生育服务，以及转向于对人口变动过程的适应。

适应性的人口政策在于，在日益深化的低生育率社会中，需要针对家庭小型化和家庭功能的弱化，实施对家庭生活进行支持和加强家庭发展能力的政策。例如对于贫困和低收入家庭的税收支持，避免他们因为生育增加的经济负担而降低生活水平。通过加强对生殖健康服务和婴幼儿的抚育体系，从而降低因为对子女生育和抚育而带来的家庭压力，特别是对妇女发展的压力，等等。这些对低生育率社会的家庭支持的福利政策，根据在北欧的实践，也被证明对于提高生育率会发生积极的效果。①

低生育率社会下的支持家庭的人口政策也包括增加对老年人口社会照料体系的完善，这实际上有利于减少家庭夫妇的家庭负担。我们通常的看法是，完善的老年社会保障会降低生育子女的需求，而在另外的方面，则是完善的老年社会保障实际上是降低了家庭压力，会支持家庭的发展能力，并有利于家庭再生产功能的恢复。

低生育率社会也会进一步增加对劳动力的迁移需求，有助于帮助缓解劳动力可能会出现的紧张，并发挥迁移对于发展的积极效应。正如同欧洲在第二次人口转变以后通过移民的增加帮助了人口发展平衡的实现那样②，促进移民本身是低生育率社会内生

① 参见吴帆：《欧洲家庭政策与生育率变化——兼论中国低生育率陷阱的风险》，《社会学研究》2016 年第 1 期。

② van de Kaa, D. Is the Second Demographic Transition a Useful Research Concept: Questions and Answers. *Vienna Yearbook of Population Research*, 2004, 2: 4—10.

的人口变动。在中国不同地区的人口转变过程中，我们也看到先期实现人口转变的具有低生育率的东部沿海地区，通过吸纳从中西部地区转移过来的大量移民，满足了经济增长的劳动力供给需求。在我国低生育率将继续维持和劳动适龄人口总量开始下降的格局下，客观上增加了对国际移民的内生需求，国际移民在未来中国的劳动力市场的作用会有所增加。从这个意义上看，更加开放的移民政策本身也是对长期低生育率社会的适应性应对。

适应性的人口政策强调公共政策应该适应不同人口群体对生育的具体需求，包括对流动人口、低龄青年、高龄妇女等，提供有针对性的生育和健康服务。例如，流动人口生育过程的中断，似乎表现为迁移流动过程对生育影响的常态，但在某种意义上也说明，现在的流动过程本身是非常“不家庭友好”的。流动人口过长的工作时间和大量的家庭分离，实际上降低了流动人口生育的可能。这种家庭分离还对家庭夫妇中的男性和女性都产生了健康和家庭生活的风险。适应性的人口政策实际上也要求促进流动人口的家庭化迁居，以及保障他们具有稳定的家庭生活。

这种适应性的人口政策，本质上不是限制生育，也不是鼓励生育，而根本上是基于家庭夫妇的需求提供生育服务。对于意愿生育的妇女提供服务来满足其“未满足的怀孕”，同时对不希望生育的家庭也应该对避免“未意愿的怀孕”提供避孕支持。人口政策应该适应人口的生育需求和生育行为，提供相关的技术服务和公共服务，这样才能实现一种全新的基于家庭夫妇生育理性和满足其具体需求的计划生育，并扭转当前计划生育制度在中国发展面临的人口政策困境，以及恢复到计划生育作为家庭计划的国际潮流的本来含义。

适应性的人口政策也应该强调在生育准备和怀孕期、围产期、新生儿和婴幼儿阶段，针对人口的具体需求和困难，对与人口再生产相关联的生殖健康、生育支持、生育服务和抚育等，提供相应的服务。生育服务也需要实现全生命周期的生育服务，例如对于性和生殖健康的教育实际上是应该从儿童和青少年做起，更高育龄年龄的妇女生育服务的必要性正显得更加迫切，而老年人口的性与健康服务，以及养老服务，也同样值得重视和关注。

四、建设生育友好型社会

在完成人口转变以后的人口政策，表现出一定程度的方向性的迷茫，是稳定低生育率，还是推行“全面二孩”“全面三孩”或是“鼓励生育”，似乎陷入了政策的陷阱。某些地区的人口政策是鼓励生育，在有些地区又是限制生育；对某些群体是鼓励生育，对另一些群体又是限制生育；这带来了政策导向和执行的困惑。

为了解决这种矛盾性的局面，人口政策应该弱化其调节性的人口政策的作用，转型为一种更加强调适应性的人口政策。实际上，改变通过人口政策对人口过程和人口状况进行调节的想法，人口政策就可以不必困扰于“鼓励生育”还是“限制生育”，是应该“提倡二孩”或是“三孩”，实际上成为并无意义的争论。

强化人口政策应该适应人口变动和适应生育过程具体需求的想法，就可以将生育决策回归家庭，人口政策则是服务于家庭和适应人口变动。人口政策的基础是坚持夫妇对于生育的自主选择，而人口政策是适应低生育率社会的现实、适应不同群体的生育需求、适应家庭生命周期的不同阶段，提供生育的服务、教育和指导，而非调节人们的生育。

适应不同群体的生育需求，从而可以使生育群体的健康得到保障，抚育得到增强，其包含了生殖健康教育和服务、避孕节育和辅助生殖技术和服务、婴幼儿的抚育照料、托育托幼和早教发展。适应家庭生育周期不同阶段的生育服务，则包括增强对生育前的公共服务和社会支持。对生育过程中的公共服务和社会支持，以及生育以后的公共服务和社会支持。这些公共服务和社会支持，包括对母婴保健、婴儿早教、托育、托幼，及对妇女家庭-工作平衡的社会支持。在生育服务的这些领域，仍然需要利用公共部门的力量来支持生育和家庭，帮助人口群体获得所需要的服务。于是，这种适应性的人口政策，实际上是架构起对人口生育的宏观公共服务的公共政策，形成一种生育友好型社会的建设。

在这种适应性人口政策视野下的生育友好型社会建设下，就能够使生育政策转化为家庭政策，并能够使生育政策对接上福利政策。基于家庭的理性选择，对家庭生育提供服务和支持，增强家庭的发展能力和家庭福利，这应该成为人口政策的目标。

在这种适应性人口政策视野下的生育友好型社会建设下，人口政策就可以从对人口进行管理和调控，转变为对人口提供公共服务，提高人民的健康、利益和幸福。

在这种适应性人口政策视野下的生育友好型社会建设下，也能够支持政府从调控管理型政府向公共服务政府的转型，并为人口政策奠定合法性的基础。

同时，也正是由于适应性的人口政策本身增强了家庭发展能力，增加了家庭的生活福利并因此强化了家庭的收入效应，因而，生育友好型社会将能够内生地促进生育率的提高。这已经从北欧一些国家通过重视家庭的福利制度建设，从而带动了生育率水平提高的经验中表现出来。这也证明，“低生育率陷阱”实际上未必是生育率下降后的宿命，通过良好的生育服务和家庭福利政策，能够有效支持家庭发展，并改变家庭夫妇的生育意愿和生育行为，从而提供走出“低生育率陷阱”的出路。

可见，在人口转变完成以后，我国人口变动出现了波动性的状态。人口与发展的紧张关系得到了缓解，而长期很低的生育率状况迫切要求重新反思中国的人口政策。我国的人口政策特别是生育政策迫切需要实现其功能和定位的转型。在后人口转变时期，人口政策需要从促进人口转变的调节性的人口政策，转变为更加适应人口过程和人口动态的适应性的人口政策，从而建设起有利于生育友好的社会机制。这因此也能够使人口政策得以保障人口的健康和幸福的家庭生活，成为满足人口需求和提高人口生活福利的社会制度，并在宏观上促进人口和发展的协调。

第九章　不想生、不敢生、不能生

研究低生育率社会下生育的影响因素，是制定良好生育政策的基础。本章阐释了在低生育率社会下，生育的具体结果受到"未意愿的怀孕"和"未满足的怀孕"的共同影响。提出需要针对低生育率社会中人们"不想生""不敢生"和"不能生"的问题，以生育意愿为中心加强生育服务和支持，即通过现代生育文化建设转变"不想生"的思想观念，通过完善生育配套的社会政策减少"不敢生"的生育限制，以及通过生育力的保存和支持帮助"不能生"的生育实现。本文也提出我国生育政策需要对"未意愿的怀孕"和"未满足的怀孕"两个不同侧面提供生育服务和支持，开展全生命周期的生育服务和支持。

一、未意愿的怀孕和未满足的怀孕

人口生育水平是由个人生育意愿和生育行为过程决定的，而人们的生育过程受到社会经济发展、生育文化、制度因素和技术进步的综合影响。

工业化社会以来，人口生育水平出现明显下降，这主要是社会经济发展“看不见的手”起作用的结果。[①]工业化和城市化带来就业和生活方式变化，特别是随着市场经济的发展、经济收入水平提高、教育水平提高、家庭婚姻变化和社会福利制度的完善，改变了生育的成本收益，进而影响人口的生育模式。现代化和个人主义的发展，特别是女性主义的社会意识改变了人们的生育观念。家庭作为最重要的生育制度受到国家和市场力量的冲击，以避孕节育和女性发展为基本目标的全球家庭计划运动构成公共生活的制度安排。另外，技术进步带来避孕药具的发展，使将性行为和生育行为分离开来得以可能，更加安全的人工流产得到发展。因此，从17、18世纪以来，欧洲开始出现生育率转变，生育率转变是构成人口转变的重要组成部分。我国的生育率转变也基本上是这个宏观社会变迁的客观结果，同时受到我国自身制度文化因素的影响。典型的特点是我国计划生育制度的实施带来相对“更快的生育率转变”，以及相对于我国的社会经济发展水平出现“更早的转变”[②]。

（一）生育意愿-生育行为的两阶段模型（DB）

在生育率转变之前和生育率转变的前期，生育意愿和生育行

---

① Paul Demeny. “Population and the Invisible Hand”. *Demography*, 23.4 (1986): 473—487.

② 参见任远：《从降低生育率到稳定低生育率》,《人口与发展》2004年第1期，第48—54页。

为的重要特点是人们期望的生育数量很高、人口的实际生育水平很高，实际生育水平往往还高于人们的期望生育，并且期望生育数量一般也高于生育更替水平。人口生育的核心问题是“未意愿的怀孕”（Unwanted Pregnancy）。

经过生育率转变和完成了人口转变以后，进入了人口生育水平低于更替水平的低生育率状态。无论是人们的生育意愿还是生育行为，都在继续下降，从而带来人口生育水平的继续下降。生育意愿和生育行为的继续下降仍然是社会经济发展、生育文化、制度因素和技术进步的综合结果。生育率转变完成以后的生育率继续下降，被认为是由个人主义、物质主义和后现代化驱动的“第二次人口转变”的基本特征①，低生育率的持续下降或者维持在很低的生育水平，甚至可能会形成一种“低生育率陷阱”②。

在一些完成了人口转变并进入低生育率社会的国家，生育意愿和生育行为的关系出现了另外一种新的现象，即出现人口生育水平低于人们的期望生育数量。也就是说，出现了“未满足的怀孕”（Unmet Pregnancy）。同时期望生育数量也往往会低于生育更替水平。例如，我国 21 世纪以来期望生育数量大约是 1.6—1.8 之间③，七普数据表明我国的实际生育水平是 1.3。我国人口的期望生育数量和实际生育水平可能还在继续走低，根据我们

① Dirk Van de Kaa. “Europe’s Second Demographic Transition”, *Population Bulletin*, 42.1 (1987), Washington, DC: Population Reference Bureau.

② Wolfgang Lutz, Vegard Skirbekk, Maria Rita Testa. “The Low-Fertility Trap Hypothesis: Forces that May Lead to Further Postponement and Fewer Births in Europe”. *Vienna Yearbook of Population Research*, (2006) 167—192.

③ 参见侯佳伟、黄四林、辛自强等：《中国人口生育意愿变迁：1980—2011》，《中国社会科学》2014 年第 4 期，第 78—97 页。

研究组在2020年开展的一项全国调查结果，人们的平均期望生育数量是1.59[①]，2021年国家卫生健康委员会调查显示2021年育龄妇女平均打算生育子女数为1.64个，低于2017年的1.76个和2019年的1.73个[②]。其中90年代出生人口的平均打算生育子女数是1.54个，2000年代出生人口的平均打算生育子女数是1.48个。更年轻世代的生育意愿更低，预示着我国中长期的人口生育水平仍然保持较低水平。

（二）生育意愿-生育行为-生育实现的三阶段模型（DBR）

我们可以进一步将生育意愿和生育行为这两个阶段拆解为三个阶段：第一个阶段是生育意愿的形成；第二个阶段是生育决策和具体生育行为的安排；第三个阶段是具体生育行为的实施和生育结果的实现。

所谓生育意愿的形成，是基于生育动机而形成生育意愿的阶段。积极的生育动机往往会带来较高的期望生育数量。生育意愿的形成受到文化的影响，也和社会经济生活状况、个人社会化历程、教育水平、经济收入水平和家庭禀赋等因素相联系。影响生育意愿的因素，同时和宏观上的人口死亡率相关联，如不少人口学者（如兰德里）认为传统社会的高死亡率影响了较高的人口生育率。随着死亡率下降和经济收入提高，在选择更高的孩子"质

① 参见任远、金雁：《婚姻质量对多孩生育意向即生育二孩打算的影响》，《人口学刊》2022年第2期，第32—43页。

② 参见国家卫健委：《育龄妇女生育意愿走低，十四五期间总人口将负增长》，中国青年网，2022年8月1日，https://baijiahao.baidu.com/s?id=1739940557098464697&wfr=spider&for=pc。

量”而非“数量”的替代效应下[①]，人们的期望生育数量也会下降。

对于生育决策和具体生育行为的安排来说，是基于期望的生育数量实施生育行为的阶段。需要说明，这里的生育行为不是人类的性行为，指的是以怀孕或避孕为目的的人口再生产行为。随着避孕节育技术的发展，区别于生育率转变之前，人们已经可以将性行为和生育行为区分开来。将性行为和生育行为加以区分，在避孕节育技术发展之前是困难的。性行为的双方基本只能通过体外射精、控制性交时间和频率、哺乳期不育和自愿节欲等因素调节生育，使人口的实际生育结果远高于期望生育数量，“非意愿怀孕”是这个时期的基本特点。在这种背景下，马尔萨斯认为，由于基于两性间的性欲是一种自然的公理，这会导致人口增长总是会带来超越生产生活资料增长的情况。马尔萨斯强调，应该通过加强家庭和基于道德的预防性抑制，来减少人口的生育。而由于避孕节育技术的实施，人类已经可以控制自己的性行为和生育行为，人们通过生育意向和生育打算来实施生育行为。如果人们已经能够完全避免“非意愿的怀孕”，有理由认为实际打算安排的生育行为不会大于期望的生育数量，实际情况也正是这样。

第三个阶段是具体实施生育行为和生育结果的实现。从生育行为到具体生育结果之间的主要影响因素包括围产期死亡、人工流产、不孕不育等。在生育率转变之前具有较高的围产期死亡率和婴儿死亡率。死亡率转变初期主要表现为围产期死亡率和婴儿死亡率的显著下降，死亡率的下降实际上会提高生育结果的实现，因此往往会出现死亡率率先下降，而出生率保持较高水平，

---

① Gary S. Becker, H. Gregg Lewis, “On the Interaction between the Quantity and Quality of Children”. Journal of Political Economy, 81.2 (1973): s279—288.

甚至还会有所提高。生育率转变之前，由于缺乏安全的人工流产，一些人口群体通过溺婴弃婴等方式减少家庭子女数量。随着安全的人工流产的发展，有助于减少“非意愿的怀孕”的生育，较高的人工流产率往往和人口生育水平具有负相关关系。不孕不育则主要反映出生育力不足的影响，会使家庭中夫妇实际的生育结果小于打算的生育水平。

生育率转变和形成当前的低生育水平，是通过影响生育意愿的转变，影响生育行为的自我打算，及对未意愿怀孕的技术干预来实现的。在生育率转变的过程中，死亡率的下降和社会经济发展等因素带来人们的生育意愿下降。社会经济发展、生活方式现代化，使人们的生育打算受到各种具体的限制；避孕节育技术的发展和家庭计划运动的实施，降低了非意愿怀孕。在生育实现阶段，主要是人工流产的技术运用带来生育水平下降，这些都造成低生育率社会下人口生育水平继续下降。

（三）人口生育水平的影响机制

如果从生育意愿和生育行为的两阶段模型来看，我们可以将人口生育水平（T）看作是生育意愿和未意愿的怀孕、未满足的怀孕共同作用的结果。

$$T = F \times D \times (1+Uw) \times (1-Um)$$

我们可以将期望生育数量和人口的自然生殖力（F）的比值作为“生育意愿指数”(D)；将未意愿的怀孕占总生育人口中的比重作为“未意愿怀孕指数”(Uw)；将实际生育数量与期望生育数量的比值作为生育意愿的满足程度，生育意愿未到满足的差额是人口“未满足的怀孕指数”(Um)。因此，人口的生育水平和生育意愿指数呈正相关，和未意愿的怀孕指数呈正相关，和未满足的怀孕指数呈负相关。随着家庭计划的良好实施，使未意愿的怀孕得到很大的避免。在低生育率社会下的人口生育水平，主要受到人口的低生育意愿和相对于生育意愿的“未满足的怀孕”的共同影响。

如果我们将生育过程按照生育意愿、生育行为和生育实现三阶段进一步分解开来，我们可以认为人口生育水平主要受到下述若干因素的影响：

(1) 未意愿的怀孕，主要与有打算的实施避孕节育措施的覆盖率（计划生育率 C）和人工流产率（A）成反比。

(2) 未满足的怀孕，主要与具体实施生育打算的强度（P）呈反比，和围产期死亡率（Q）和不孕不育率（I）成正比。

因此，人口生育水平表现出如下关系：

$$T = (D) \times \left(\frac{P}{C}\right) \times \left(\frac{1}{QAI}\right)$$

在死亡率转变的过程中，围产期死亡率下降的直接效应实际上会提高人口生育率。有理由认为，在生育率转变的前期，生育率下降主要是受到避孕节育率和人工流产率提高的影响，在生育率转变的后期主要是生育意愿继续下降和生育打算下降影响了生育水平。这也呼应了邦加茨曾经提出的，在生育率转变初期的主要影响因素是避孕，而在生育率转变后期的主要影响因素是婚姻的观点。①

① John Bongaarts, “A framework for analyzing the proximate determinants of fertility”. *Population and Development Review*, (1978) 4: 105—132.

考虑到在生育率转变完成以后的低生育率社会，围产期死亡率Q已经非常小，以及避孕节育水平的计划生育率C水平已经非常高，逻辑上可以认为：由于充分的避孕节育的实施会使人工流产率A的作用也会弱化。所以在低生育率社会下，人口生育水平的影响机制主要受到以下三个因素的影响：

$$T = (D) \times (P) \times \left(\frac{1}{I}\right)$$

即，低生育率社会的人口生育水平主要受到在生育意愿形成阶段的低生育意愿，生育决策和具体生育行为安排中的生育打算下降程度的影响，以及受到生育行为中的不孕不育现象的影响。

对不同因素对生育水平的贡献率，以及这种贡献率在不同时期、不同社会是否存在不同还值得进一步研究。但是上述讨论告诉我们，生育率的下降和人口低生育水平是多种因素在综合机制下影响的结果。社会经济发展、文化价值的变化、制度变迁和技术发展影响着人们的生育意愿、生育行为和生育实现。

生育率转变过程中的人口生育水平下降，表现在人们克服“非意愿怀孕”的努力，即避孕节育的发展、较为安全的人工流产的技术进步；表现在现代化过程中的社会经济生活所带来的生育意愿下降，以及由于围产期死亡率和婴幼儿死亡率下降会带来生育意愿下降，这些构成了一个积极的人口发展过程。

低生育率社会下生育水平的影响机制将从主要应对“未意愿的怀孕”问题，转向解决“未满足的怀孕”的现象。当前低生育率社会下的人口低生育水平，主要表现在：（1）在生育意愿上，人们具有较低的期望生育数量，这是“不想生”的问题；（2）人们有生育的意愿和期望，但是没有具体打算的生育，不实施生育的行为。这说明由于就业压力、经济压力、生活成本压力，以及婚姻家庭的制约，包括住房困难等各种限制，造成相对较弱的生育打算，影响了人们生育意愿的满足，这在很大程度上是“不敢生”的现象；(3) 人们有生育的具体打算和生育行为，但是没有生育的具体结果，意味着存在“不能生”的情况，存在由于不孕不育等现象带来的不能生的问题。客观来说，不孕不育现象在生育率转变的前期也同样存在，但是被当时更高的围产期死亡率和婴儿死亡率遮蔽了。随着围产期死亡率和婴儿死亡率下降到极低的水平，低生育率社会中的不孕不育问题就相对明显地表现出来。

因此，在社会变迁过程中，人口发展表现出人们“不想生”“不敢生”和“不能生”的情况。这构成低生育率社会下人口低生育水平的基本机制，也是人口发展陷入“低生育率陷阱”的根本原因。鉴于此，需要基于对低生育率社会下生育水平影响机制的认识，来分析人口生育的突出问题和实施相关的公共政策，从而相应地服务和支持人们的生育。

二、“不想生”和生育文化建设

生育意愿在生育水平决定过程中具有决定性和基础性的作用。当前对我国人口期望生育数量较高的估计也就是在 1.8 左右，因此如果人们通过有效的避孕节育控制了“非意愿的怀孕”，那么无论采取什么措施，人口生育率都很难回到更替水平。这实际上意味着，在当前生育意愿的基本框架下，我国将长期处于低生育率社会的状态。

生育意愿是在具体的经济生产方式、社会生活形态的基础上，及与此相适应形成的文化观念、制度安排和技术条件下的人们对生育的态度和偏好。在传统社会中，较高的生育意愿是与较高的人口死亡率，特别是较高的围产期和婴幼儿死亡率相联系的。在传统农业社会的生活状态下，人们的生育成本相对较低，子女较早地从事经济活动并成为家庭的劳动力，同时也承担着家庭中养老保障的责任，使得多生育孩子对于家庭来说是有收益的，因此人们的生育动机相对较强。社会也通过传宗接代、多子多福等生育文化来支持生育制度。女性的生育责任被构造为文化规范，一个没有孩子或者不生男孩的女性往往遇到较大的社会压力，这共同支持了传统社会的高生育意愿。

在经济发展和城市化过程中，产生了孩子质量和数量的替代[①]，生育成本和孩子的影子价格提高了，人们对培养“高质量的孩子”的需求增加了，相应地会减少对孩子数量的需求。女性就业使生育孩子的机会成本增加，社会保障制度的发展使养儿防老的必要性减弱，生育的价值在相应减少。随着现代性的发展，可供选择的物质生活更加丰富，所以人们“购买”孩子这种耐用消费品的偏好减小了。现代化使人们的社会生活发生变化，家庭日益小型化、性别偏好发生变化。个人主义的发展、独立精神的提高、社会平等和女性主义社会运动等因素都造成生育意愿的下降。到目前为止，我们观察到的社会变迁，总体上都带动生育意愿的不断降低。这使生育更少数量的孩子成为一种社会生活的基

① Gary S. Becker, H. Gregg Lewis, “On the Interaction between the Quantity and Quality of Children”. Journal of Political Economy, 81.2 (1973): s279—288.

本常态和生育文化。

现代化的进一步发展仍然会继续带来人们生育意愿的下降。根据第二次人口转变的观点，基于物质主义和个人主义的强化，人口出生率继续下降。而且在低生育率社会中的低生育意愿具有持续的影响，人们在较小规模家庭中的社会化经历进一步固化人们的意识，低生育意愿出现代际的传递，成为导致低生育水平的社会的机制。①

低生育水平的根本原因在于人们对“为什么要生育”的生育动机在削弱。人们变得不想生育了，甚至于人们恋爱和结婚的意愿也在下降。这种情况下，要从根本上改变人口发展的长期趋势，实现人口发展的可持续性，就需要生育文化的变化，需要在现代社会中重新发现孩子的价值，使人们的生育意愿有所恢复，才会带动生育水平的恢复和提高。

生育文化自然是内生在当前经济发展方式、社会生活和制度结构之中，而生育文化建设也有其独立的作用。生育文化建设需要从“提倡一对夫妇生育一个孩子”的“少生的文化”，转变为重视和强调生命的价值和孩子的价值，这有利于生育意愿的提高。

需要强调的是，通过生育文化建设来带动现代社会中的生育意愿的恢复，并不是向传统社会“多子多福”的回归，不是向“养儿防老”传统家庭伦理的回归，而是要让人们更多地感受到孩子在现代社会中的价值。如果说在传统社会中，孩子的价值主要是经济价值，那么在现代社会中孩子的价值更主要是生命的

---

① Wolfgang Lutz, Vegard Skirbekk, Maria Rita Testa. “The Low-Fertility Trap Hypothesis: Forces that May Lead to Further Postponement and Fewer Births in Europe”. *Vienna Yearbook of Population Research*, (2006) 167—192.

价值、情感的价值、创新的价值和未来的价值。生命是值得珍贵的，乃至无价的，对生命价值的珍视会提高对孩子的珍视。在这个意义上，生育具有创造生命的含义，因此是神圣的；孩子则促进了个人生命的丰富性和完整性。在现代社会中，孩子的价值并不主要通过“反哺”以提供老年生活的保障，但它仍然能够提供包含情感的关怀和慰藉，在个人主义的现代世界中提供了最基础的情感联系和社会支持。这样的以生命和情感为基础的生育文化，而不是以经济成本-收益为基础的生育文化，才有利于从根本上重新塑造人口的生育动机。

我们最近的一项研究表明，夫妇双方的婚姻质量作为一种“爱情”，对提高生育意愿有显著作用，更高的婚姻质量也有利于家庭实施多孩生育的行为。这在不同性别、不同年龄段、不同地区的人口群体中具有普遍性，对城镇人口、受教育程度较高的人口中表现出更大的影响。[①] 这证实了“生育是爱情的结晶”，也说明生育有助于婚姻家庭生活的丰富，是个人人生的丰富，在此过程中帮助自身的充分成长。这样的想法能够超越一些狭隘的女性主义对生育的排斥。在一定意义上，女性生育是女性作为女性的充分发展，社会发展可能需要一种“完整的女性主义”，生育本身是女性作为多元主体性的表现。

这样的以爱的情感，以生命的价值，以人本主义和人的全面发展为依托的生育文化建设，会带动现代化过程中人们生育意愿的调整和改变。这样的生育文化建设，才是符合现代性演变的生育文化变化。现代社会发展会不断改变生育文化和孩子的价值，

① 参见任远、金雁：《婚姻质量对多孩生育意向即生育二孩打算的影响》，《人口学刊》2022 年第 2 期，第 32—43 页。

重新塑造人们的生育意愿，这才能使人口生育率得以脱离“低生育率陷阱”，得以构造现代性之后的人类社会生育形态。

当然，生育文化的建设不能脱离于生产方式和社会生活的结构性土壤而被凭空塑造。如果作为人类的生物聚落没有充分发展产生出对于人的更大的需求，没有创造出可观的值得憧憬的未来社会形态，单纯强调生育是没有意义的。但是，如果我们还相信进化的力量，那么在一定程度上，我们对生育动机和生育意愿将会从低生育率中脱离出来应该有一定的信心。人类总是会通过一些虚拟的故事和话语来支持自身的进步，正如通过“多子多福”来支持农业社会的社会生活一样，人类会通过一些新的“文化”来支持物种的延续和发展，不管是用爱、创造还是永恒，人类总是会通过有意或者是无意的文化建设来使社会生活得到发展，并支持人类社会的延续。担心人类会因过低的生育率而使物种灭亡，这种想法对于当前在地球生命系统仍处于顶端的人类来说，可能是显得过于多虑了。

“不想生”，即人们期望的生育数量低于更替水平，是决定人口低生育水平和“低生育率陷阱”的根本原因。作为观念意识的生育意愿内嵌在社会经济体系中，是由结构化的社会存在所决定的社会意识。我们应该看到，在社会变迁过程中的社会观念本身是条件性的和可变的。人们的婚育观念受到经济生产方式、社会生活状况和个体社会化过程的影响，也会基于对未来经济社会生活的认识、对个人和家庭生活的未来想象而发生变化。正如伊斯特林（Richard Easterlin）的相对收入假说①认为，在世代之间经

① Richard Easterlin. “An Economic Framework for Fertility Analysis”, Studies in Family Planning, 6.3 (1975): 54—63.

济收入的改善会增加生育，当年轻夫妇经济状况不如父辈的情况下会减少生育，因为在经济衰退中，人们担心其子女生活水平相对于自身的生活水平有所下降，便会降低生育意愿。经济保持持续增长的信心具有提振人口生育意愿的作用。同理，人们对于良好的社会发展和民生福祉进步的信心也会有助于提高生育意愿，因此包括托育托幼、养老事业、社会保障等民生福利建设的进步，增加对家庭生活和发展能力的支持，会有利于提高人们生活的幸福，并提高人口的生育意愿。换言之，如果有更稳定、充分的经济繁荣，合理的经济生产方式及良好的社会生活，将会使人们更加“想生”，提高人口的生育意愿。

生育文化表现为“观念上的建设”，更根本的决定力量是经济社会发展的不断进步。从社会进步主义的视野来看，实现人类社会的不断进步，持续地增进人类的民生福祉，使家庭生活的压力得到减轻，才会使人们变得“想生”，提高人口的生育意愿。从这个意义上看，摆脱“低生育率陷阱”只有通过实现人类社会的不断进步才能得到实现。

三、“不敢生”和完善生育配套服务

低生育率社会下的第二个问题是人们实际的生育打算低于期望的生育数量，这说明有不少人虽然有生育意愿，但是他们的生育行为受到限制，存在“不敢生”的现象。

人们生育行为受到的限制，首先还是社会经济的因素。由于生育成本较高，生育增加了家庭的经济成本和消费开支，无论是生育的直接成本，还是托育托幼、婴幼儿健康、子女的教育等，都对家庭生活带来压力。生育的成本是相对的，在大城市和经济发达地区的家庭生育成本更高。大城市中的高生活成本（例如城市中过高的房价），以及经济发展提高了对人口素质投资的需求，大城市婴幼儿抚育和教育的内卷化竞争，使年轻夫妇裹足不前。“不敢生”也受到工作-家庭冲突的影响，市场竞争带来工作-家庭的冲突，女性就业对生育的压力尤其突出，这构成生育的隐性成本。生育减少了女性的就业机会、收入水平，影响其未来发展，构成了一种“母职惩罚”①，这些都削弱了家庭夫妇的生育决策。

“不敢生”不仅受到经济因素的限制，也受到若干社会因素的限制。例如社会上存在着对单身妈妈的生育限制。最近四川省卫生健康委员会在生育登记制度中取消了需要结婚证的条件限制②，这也折射出单身妈妈生育在现实生活中面临着一系列的生活困难。单身生育面临生育登记的困难，这带来孕期保健、生育保险和生育津贴的困难，而且带来难以给孩子落户、婴幼儿托育就学等一系列困难，单身生育进一步加剧了女性工作-就业的冲突并强化了女性的弱势地位，以及社会文化上对非婚生育具有歧视和污名化，这些具体的限制使我国人口在非婚和未婚时意外怀孕以后往往“难以生育”和“不敢生育”，这在一定程度上也造成了偏高的人工流产率。

---

① Shelly Correll, Stephen Bernard, In Paik. “Getting a Job: Is There a Motherhood Penalty?”, *American Journal of Sociology*, 112.5 (2007): 1297—1338.

② 参见“四川卫健委回应‘生育登记取消结婚限制’”，中国青年网，2023 年 1 月 31 日，https://baijiahao.baidu.com/s?id=1756500613207991497&wfr=spider&for=pc。

大规模的人口迁移流动也对生育行为带来限制。流动人口具有较低的生育水平，这不仅是由于人口流动造成生育中断，同时也因为人口流动过程往往带来家庭分离，人口流动会推迟结婚年龄和增加人口离婚率[①②]，这些都对流动人口的家庭生活和生育构成限制。流动人口在流入地得到的孕期和生育期的保健服务也相对缺乏，缺少平等的生殖健康和托育托幼公共服务，这些都对流动人口的生育带来困难。所以农民工虽然根据其社会化的经历，其生育意愿实际上高于城市人口，但是流动人口无论在生育水平、分孩次递进的生育率等来看，都比本地人口更低。换言之，有理由相信，通过增强流动人口公共服务和社会保障，会有利于更好地满足流动人口的生育需求，对应对城市化过程中的人口低生育率现象具有直接而且更加明显的作用。

经济、就业、社会和制度的限制，造成了一部分人“虽然有生育意愿，但是不敢实施生育行为”的现象。人口的生育意愿不能得到满足，反映出社会变迁和家庭发展的内在冲突，国家需要通过完善生育配套政策来提供支持。

各种生育配套服务政策包括孕产假、男性陪产假、哺乳假、育儿假，以及加强托育托幼服务的政策，通过提供生育津贴和税收减免来降低生育成本，等等。这些生育配套政策中，第一类是经济支持的政策，如生育津贴和税收减免；第二类是劳务支持，比如托育托幼服务；第三类是时间支持，比如育儿假、产假等。

---

① 参见许琪：《外出务工对农村男女初婚年龄的影响》，《人口与经济》2015年第4期，第39—51页。

② 参见李卫东：《流动模式与农民工婚姻稳定性研究：基于性别和世代的视角》，《社会》2019年第6期，第23—61页。

在欧洲、日本、韩国等较早进入低生育率社会的国家和地区，他们具有不少生育和家庭政策实践，值得我们加以借鉴[①②]。这些国家中生育配套政策的实践也说明，需要将生育政策扩展转化为更加丰富的家庭政策和社会福利政策，从而为人们生育创造良好的社会环境，帮助人们的生育意愿得到满足，促进人们实施具体的生育打算和生育行为。

从2021年以来，在优化生育政策和促进人口长期均衡发展的思路下，我国不同地区已经比较广泛地实施若干生育配套政策。生育配套政策实施具有福利政策学习扩散的效应，当某地实行了某项生育配套社会政策以后，会在周边地区和类似地区扩散推广，因此上述生育配套政策在我国更大范围地扩展实施是可以预期的。实施生育配套政策，需要切实了解民众最为迫切的需求，有的生育配套政策是民众反映强烈必须得到解决的，有的是锦上添花的政策，在财政约束下生育政策的实施需要有相应的最优选择。而且，对于不同地区、不同人口群体，人们对生育配套政策有不同的需求，同样的生育配套政策对不同群体也有不同的影响效用，所以生育配套政策的实施也需要因地制宜、有所区别。

通过实施生育配套政策，创造生育友好的社会环境，从而促进生育意愿和生育行为，需要发挥企业的作用。例如企业在劳动制度上可以更加灵活，积极整合在线就业的工作模式，从而协

① 参见吴帆：《欧洲家庭政策与生育率变化：兼论中国低生育率陷阱的风险》，《社会学研究》2016年第1期，第49—72页。

② 参见迟明，解斯棋：《21世纪以来欧洲生育率反弹成因及其对中国的启示》，《人口学刊》2022年第4期，第80—90页。

调工作和家庭的关系。我们看到一些新兴的科技企业在企业办公场所设置育儿设施，这有利于协调青年职员生育和工作安排的矛盾。而在另一方面，如何加强企业在生育配套服务中的作用，同时避免显著增加企业运行的成本，这也是完善生育政策需要考虑的内容。

数据表明，在人口的期望生育数量和具体生育打算之间还有相当大的缺口。因此，通过完善生育配套政策减少生育过程面临的经济限制、就业和发展的限制、社会生活的限制等，会利于人们减少对生育的担忧，提高人们的生育行为，使人们变得“敢生”。通过这些配套政策的完善，也会改变经济和社会环境，从而也会提高人口的生育意愿增加“想生”的动力。归根到底来说，完善生育配套的服务支持，本身有利于家庭的发展，是提高家庭生活质量和民生福祉的具体举措。

四、“不能生”和开展生育力的保存支持

在人口转变完成以后的低生育率社会，不孕不育是构成影响低生育水平的另一个重要因素。这也带来另外一种“未满足的怀孕”，即人口有生育的打算和生育行为，但是无法实现怀孕的结果。最近的数据表明，当前我国的不孕不育率达到了12%—18%[①]，说明有相当数量家庭的生育意愿无法得到满足。特别是随着育龄妇女的平均年龄提高，以及大龄妇女怀孕生育比例的提

① 参见任泽平等:《中国辅助生殖研究报告2023》，育娲人口研究，2023年2月28日，https://www.huxiu.com/article/806695.html。

高，不孕不育及如何安全生育的问题就更加突出。

不孕不育的问题，或者说如何有效地怀孕和安全生育的问题，在人类社会中是一直存在的，这关系到如何提高人口的生育力。对于一个物种和生物群落而言，生命繁衍和不断的人口再生产，需要以生育力为基础。从进化论的角度来看，生育和繁衍甚至构成了物种进化的工具。保护和支持人类的生育力不仅是出于一种科学的探求，实际上与人类的健康和进化紧密联系。生育力的问题在人口生育水平较高的传统社会中并不特别成为一个社会问题，但在低生育率社会背景下，生育力问题越来越表现为影响人们满足自身生育意愿的因素，越来越成为一个医学和社会问题。

生育力的保存和支持有利于个体的健康和发展。对于具体个人来说，由于面临生殖能力的损害，或者是由于疾病，因此具有保存生育力的需求。男性和女性生育力的保存和修复，有利于满足个体的生育需求，特别是大龄男性和女性的生育需求，并有利于实现人们的生育意愿和生活福祉，提高个体的生殖健康和优生优育，这也应该成为对生育服务支持的重要内容。

生育力的保存和支持很大程度上是一个医疗和技术课题，需要医学、生命科学和生殖科学的科学进展和技术研发，包括需要生殖科学、生命科学等基础科学研究，以及一系列的技术应用，如冻卵技术、冷冻精子、冷冻器官和辅助生殖的发展。

同时，生育力的保存和支持也需要一系列制度建设和法制建设相配套，当前在这方面的进展还是相对不足的。例如，近期媒体上有一则单身女性冻卵被法院驳回的判例，这说明相关立法和管理条例还并不支持单身女性辅助生殖。我国的人口和计划生育立法主要还是以对人口数量的干预调节为主要内容的计划生育立法，需要转化成为对生育权利的界定，以生育服务和支持为核心的公共立法。关于生育力保护和服务监管的行政管理和制度管理还比较缺乏，例如在英国有辅助生殖管理局，人们可以通过行政机制制度化得到管理和服务，国家在生育力保护上有相关的预算，而我国对辅助生殖、生育行政管理和医疗监管的职能机构还相对薄弱。另外，对于生育力相关的伦理和道德的讨论和社会共识还远没有形成，对于辅助生殖的机构监管等复杂问题正在开始浮现，例如通过基因编辑提供生育的人类增能是否合适，因为怀孕胎儿的部分缺陷而进行人工流产是否符合道德，对于辅助生殖的代孕行为的制度规定等。这些方面还需要丰富的公共政策讨论和法治制度建设，完善的生育力保存和支持的管理服务体系建设工作还并没有得到充分展开。

对生育力的保存和支持，构成低生育率社会中一种新的生育服务和支持需求，在当前生育政策中还比较模糊和不完善，需要加强相关服务体系建设，完善相关立法以及制度建设和伦理道德的讨论。通过这些公共管理和政策的发展，会丰富完善我国生殖健康和家庭计划工作，值得加以讨论和开展相关建设。

总之，随着生育率转变的完成，“非意愿怀孕”基本得到控制。低生育率社会下人口生育水平更主要受到低生育意愿、缺乏具体生育打算，以及不孕不育等问题的影响，即受到“不想生”“不敢生”和“不能生”的综合影响。针对“不想生”的思想观念，需要构造更加幸福和繁荣的经济生活和社会秩序，带动以生命和情感为基础的生育文化建设，并因此提高人们对生育孩子的动机和意愿；针对“不敢生”的行为决策，需要通过完善生育配套的社会政策来减少对生育的经济限制、社会限制和制度限制，提高家庭生活福祉，形成生育友好的社会环境；针对“不能生”的生育实现，需要通过生育力的保存和支持，帮助女性和男性实现未能满足的怀孕和生育，以及实现高质量的怀孕和生育。

以生育意愿为核心的生育服务和支持应该成为低生育率社会下生育政策的核心。需要实施更加重视以人为本的生育政策，满足家庭和生育者的具体需求，提高人们的生活福祉。在这样的以人为本的生育意愿实现和个人充分发展的过程中，基于对“自私的基因”和对人类社会不断进步的信念，我们有理由相信，通过人类社会的进一步发展，家庭生活变化和技术的进步，以及随着制度体系和社会服务体系的完善，“低生育率陷阱”是可以被破解的，人们的生育意愿和人口生育水平是可以在低生育率社会下得到提高的。人类生育会随着社会变迁不断变化，并推动人口的不断变动，使人口发展和社会经济发展进入到新的社会形态。

五、全生命周期的生育服务支持

（一）生育服务和支持的两个侧面

如果我们作一个基本的总结，可以看到，人口的生育水平是通过生育意愿和生育行为的过程决定的，而人们的生育过程受到社会经济发展、生育文化、制度因素和技术进步的综合影响。生育意愿是影响人口生育水平决定性和基础性的因素，而生育意愿本身是条件性的、可变的。基于具体的生育意愿，生育的具体结果受到“未意愿的怀孕”和“未满足的怀孕”的共同影响。生育过程包括生育意愿的形成和具体生育行为两个阶段，也可以分解为生育意愿的形成、生育打算的具体安排，及从生育行为到生育结果实现三个阶段。在已经实现了人口转变的低生育率社会中，随着“未意愿的怀孕”基本得到控制，生育政策需要更加重视“未满足的怀孕”。在低生育率社会下，要重视应对“不想生”“不敢生”和“不能生”的具体困难，加强生育服务和支持，需要丰富和完善生育文化，通过生育配套服务减少对人们生育的限制，以及推动生育力的保存和支持。

需要强调的是，虽然当前在低生育率社会中日益浮现出“未满足的怀孕”的生育现象和需要加强相应的服务支持和政策关注，但是即使在这样的社会背景下，“未意愿的怀孕”的现象仍然存在。相对较高的人工流产率，一定程度上折射出未意愿怀孕的现象仍然比较严重。对于一些青少年群体、贫困群体，“未意愿的怀孕”现象及对女性健康和发展带来不利影响，仍然是公共政策需要重视和提供服务的重要内容。所以，对生育的服务和支持仍然应该加强青少年性与生殖健康服务，提供知情选择的避孕节育，将未意愿的怀孕降低到最低的水平，这对提高人口健康以及女性的平等和发展，是必要且重要的。

在低生育率社会中的生育服务和支持，应该在重视生育权及尊重生命的价值和福祉的社会背景下，基于对生育文化多元化的包容，重视“未意愿的怀孕”和“未满足的怀孕”两个侧面。这也要求在当前时期，生育政策和公共服务应该不断丰富家庭计划的生育服务支持，不仅要继续加强知情选择、避孕节育的科学研发和广泛覆盖，也需要减少怀孕和生育过程中遇到的各种社会限制和生理限制，以及对打算怀孕的男性和女性提供助孕助育和提高生命质量的健康服务。

在生育和社会发展面临诸多新的现象的情况下，需要不断完善家庭计划（或者说是新时期的计划生育），以更好地满足人们的需求。这包括生育服务和支持的技术进步得到发展和应用，生育服务和支持得到充分的公共财政支持，在法律和制度建设上得到保障，并调整社会经济生活的系统结构，形成更加完整的生育服务支持公共政策体系。在这个意义上，削弱计划生育或家庭计划，对于提供更加良好的生育服务和支持并非是有利的。在现代社会中需要进一步加强家庭计划，使其更好地服务于人们的健康，满足人们的生育意愿，成为支持人们生育和促进人类发展的公共政策。

（二）全生命周期的生育服务和支持

在公共管理中加强对生育的服务和支持，也需要秉持一种全生命周期的视野，在人们生命成长的不同时期提供生育服务和支持。生育的服务和支持实际上渗透在个体成长和家庭发展的不同阶段，需要社会经济发展系统和制度体系的整体建设。

在青少年和青春期，应该加强性和生殖健康教育，加强生育权利、生育道德、生育健康和生育文化的教育和保护，形成理性自觉的性观念、婚姻观念和生育观念，以及生命和爱的观念。在社会服务体系中需要减少婚姻和家庭形成的各种困难，降低住房和生活成本，降低劳动者工作-家庭的冲突，从而通过经济社会发展的进步来提高人口生育意愿的形成。

在婚恋和怀孕之前的时期，应该通过生育的服务和支持，增加避孕节育的性和生殖健康服务，减少因为性行为传播的疾病，以及有效助孕的生育支持，实现有打算的生育行为。

在怀孕以后到生殖行为期间，需要通过建立生育健康档案，加强母婴生育保健服务，通过健康筛查提高生育的健康，预防和干预出生缺陷，规范和完善安全的人工流产，完善生育保险等社会支持，提供生殖健康服务和母婴照料等。

在生育孩子到子女的婴幼儿阶段，需要完善婴幼儿照护体系的发展，通过完善产假、陪产假、育儿假、哺乳假以及灵活的工作-家庭平衡，开展育儿补贴和家庭税收制度，减少家庭生育抚育的压力。需要针对生育和家庭的具体困难完善配套服务，完善教育、住房等社会事业建设和福利制度，通过完善的福利制度来降低人们生活和生育的成本。

在较高年龄阶段乃至完成了育龄期以后，部分男性和女性人口仍然具有相应的大龄怀孕和大龄生育的需求。而且人口的平均生育年龄本身在不断提高，这增加了大龄生育的孕育支持服务和健康服务需求。

甚至到了中老年和老龄时期的制度安排也会影响家庭的生育。老年人口的隔代抚育对家庭生育表现出积极的影响，同时，完善养老保障本身也能够减少家庭的压力。在这个意义上，完善养老保障制度，本身具有促进家庭生育的作用，而不是说我们需要回归家庭的养老保障来重新找回生育的价值。

综上所述，对于加强人口的生育服务支持来说，不仅应针对育龄期的人口提供生育服务和支持，在整个生命周期不同阶段的社会经济制度社会政策和技术进步，以及与此关联的文化发展，都与人们的生育过程密切相关。通过加强全生命周期的生育服务和支持，才能更好地支持人类的生育，也才能减少生育的限制。

另外，我们关于生育问题的认识往往比较重视生育水平，或者是说对生育政策的关注还比较倾向于以生育数量为目标的生育服务和支持。我们也应该认识到，生育过程不仅包括生育的数量，也包括生育的结构、时间和生育的质量，特别是生育孩子的质量尤其应该成为生育服务和支持需要关注的方面。在低生育率社会，我们需要同时重视助孕助育、优生优育，减少生育的出生缺陷，包括可以探索在生育过程中的人类增能。在这些方面，会涉及一些非常复杂和敏感的伦理和法治建设，社会发展会随着生育现象的变化表现出更加丰富的内容，并相应要求丰富和完善对生育服务和支持的内容。

在低生育率社会下的生育服务和支持，是新时代人口健康工作、家庭民生工作的重要组成部分，也是根本上摆脱“低生育率陷阱”的对策出路。考虑到人口变动受到人口惯性的影响而具有长期性，对于生育服务和支持的社会建设，应该更早、更全面地加以施行。

在低生育率社会中，人类的生育面临一些新的问题，需要积极应对。通过提供生育服务和支持，满足人类的需求提高人的健康，提高家庭和社会的福祉，这是国家的生育公共政策需要追求的目标。人类社会的近四百年来，生育水平的逐步下降是社会经济发展的结果，也使生育和社会的关系产生新的变化，需要以生育意愿为核心重构现代生育文化，加强生殖健康服务，提供生育的配套支持，提高人口的家庭和社会的福祉，促进以人为本生育政策的实现。通过加强和完善对生育的服务和支持，满足人的需求和促进人的发展，建设更加美好的未来社会。

第十章　生育政策的继续变革和调整完善

人口总是在不断地发生变动，人口与发展的关系也在不断变化，因此国家的人口政策需要适时地进行调整。生育政策作为人口政策的核心，长期以来得到突出重视。

在完成了人口转变以后，我国的人口生育率总体上继续下降。到了七普时的 2020 年，总和生育率已经下降到 1.3，即有很大的可能已经陷入了“低生育率陷阱”。在完成了人口转变以后，特别是进入 21 世纪第二个十年以来，我国的生育政策进行了一系列密集的调整：到 2011 年，我国已经全面实施了“双独二孩”政策；在 2013 年底开始实施“单独二孩”政策；从 2016 年 1 月开始实施“全面二孩”政策；到了 2019 年底，在党的十九届五中全会确定的“十四五”发展规划和 2035 年中长期发展的意见中，提出要优化生育政策，增强生育政策的包容性；在 2021 年，我国继续调整生育政策，开始实施“可以三孩”的政策。生育水平继续下降和生育政策的密集调整构成当前时期我国生育领域的基本特点。

生育政策的不断调整和生育水平持续降低，也说明当前的生育政策对人口生育水平的影响已经越来越弱。21 世纪以来，以数量管理为特点的生育政策对生育率的调整已经越来越不起作用，因此实施生育数量放宽的政策调整，对生育水平的上升也将基本不起作用。可以预判，“二孩”政策也好，“三孩”政策也好，对人口生育率将不会带来显著的增加。在“十四五”时期和中长期发展过程中，我们需要思考和推动生育政策的继续变革和调整完善。本文将简要回顾我国生育政策改革的历史，讨论未来生育政策继续变革的基本逻辑，提出服务和支持生育是生育政策改革的目标取向。在此基础上，我也将对当前时期我国生育政策调整完善的具体实施提出思考建议。

一、生育政策改革历程的不同阶段

要了解当前时期生育政策应该往何处去，首先有必要对生育政策从何处来作一个历史回顾。生育可以包括数量、时间和性别三个维度[①]，生育政策也可以从这几个方面来进行整理。本文不打算过于详细地考据生育政策的历史，只打算提纲挈领地对我国生育政策的历史变化作一个简洁的描述。在这个领域中有大量的法规文本和历史文献，而对于生育政策的历史沿革如何来进行划

① 参见顾宝昌:《论生育和生育转变：数量、时间和性别》,《人口研究》1992 年第 6 期，第 1—7 页。

分，肯定也有不同的看法。

（1）从“生育的性别”的维度看，男女平等的原则自新中国成立以来是一以贯之的。在 80 年代以后随着出生人口性别比日益失衡，国家开始重视出生人口性别比综合治理问题，确定了“三步走”的治理策略①，在 2006 年底将出生人口性别比治理作为统筹解决人口问题重要任务之一。②

（2）从“生育的时间”的维度看，70 年代开始，我国提倡“晚、稀、少”的“晚婚晚育”，并在 1980 年的《中华人民共和国婚姻法》中确定了对晚婚的制度安排。进入 21 世纪以来，对晚婚的制度控制在法规中逐步弱化，晚婚晚育的生育假奖励和福利待遇规定逐步取消。在 2015 年底的全国人大第十八次会议审议人口和计划生育法修正案中，取消了“晚婚晚育”条文，并在 2021 年进行的《中华人民共和国人口和计划生育法》（以下简称“《人口和计划生育法》”）修订中，提出“适龄婚育”。

关于生育时间的政策也包括二胎生育的时间，即生育间隔。二胎生育间隔的想法实际上包含在“晚、稀、少”的生育政策中，应该是在 70 年代开始施行。基于 80 年代计划生育基本国策和“现行生育政策”中提出的“特殊情况可以二孩”，不同地区的计划生育条例规定了二胎生育的时间间隔，基本在三年到五年不等。二胎生育间隔改革试点比较典型的是 90 年代甘肃酒泉的改革，到了 2010 年代初，我国已经普遍取消了对生育间隔的生

① 参见张维庆：《为全面建设小康社会创造良好人口环境而奋斗》，《中国计划生育学杂志》2003 年第 2 期，第 68—70 页。

② 参见中共中央、国务院：《关于全面加强人口和计划生育工作统筹解决人口问题的决定》（中发［2006］22 号）［EB/OL］.（2006-12-17）［2022-02-18］，http://www.ce.cn/xwzx/gnsz/szyw/200706/27/t20070627_11973152.shtml。

育政策干预。

(3) 生育政策最主要的维度还是“生育的数量”。根据生育政策中对生育数量的规定，可以将生育政策的历史变化分为以下不同的阶段：

第一个阶段是在对人口再生产开展有计划调节的思想指导下，从70年代起实施的生育政策，基本是以控制生育、降低人口生育率为导向。最初还是实施比较柔性的在自觉自愿基础上的“晚、稀、少”政策，从“一个不少、两个正好、三个多了”，到“最好一个，最多两个”(1978年)①。到了70年代后期，生育政策转向更加严格的“提倡一孩”。“国家提倡和推行计划生育”被写入宪法（1978年)，中共中央发表《公开信》(1980年)，计划生育制度得到强化。1981年，国家成立了国家计划生育委员会，加强了行政化的计划生育工作推进机制。可以说，之后数十年的生育政策变动都是微调，主要是针对“特殊情况可以生育二孩”的政策调整。

这个“提倡一孩”的生育政策在人口转变完成以后继续执行。2000年以来，生育政策的指导想法是“稳定低生育率”，我们可以将其作为生育政策变化的第二个阶段。应该说，其基本原则仍然是“控制生育”。在2001年12月第九届全国人大第二十五次会议通过的《中华人民共和国人口与计划生育法》规定：“鼓励公民晚婚晚育，提倡一对夫妻生育一个子女；符合法

① 1978年10月26日，中共中央批转国务院计划生育领导小组《关于国务院计划生育领导小组第一次会议的报告》，进一步明确了“晚、稀、少”的内涵，即“提倡一对夫妇生育子女数最好一个，最多两个。生育间隔三年以上。”参见梁中堂：《中国计划生育政策史论》，中国发展出版社2014年版。

律、法规规定条件的，可以要求安排生育第二个子女。”[①] 在这个时期，“生育二孩”的政策调整继续在不同地区逐步放松，到了 2011 年，全国已普遍实施了“双独二孩”，到了 2013 年开始实施“单独二孩”。

第三个阶段是从 2015 年底以来，基于第十二届全国人大常务委员会第十八次会议对《人口和计划生育法》的修正，确认“国家提倡一对夫妻生育两个子女”（第十八条）[②]，“全面二孩”政策从 2016 年 1 月开始实施。“全面二孩”代表了生育政策方向的转变，从以控制生育为导向的生育政策，客观上转向了一种希望提高生育水平的政策。[③] 但是，一方面提倡“全面二孩”鼓励人口生育，一方面又通过社会抚养费等行政手段对二孩以上的生育进行限制，构成了一种矛盾，因此需要将“全面二孩”作为从行政控制生育向家庭生育正常状态进行回归的过渡阶段来加以理解。

第四个阶段是基于 2019 年党的十九届五中全会提出的国民

① 全国人大：《中华人民共和国人口与计划生育法》（2001 年 12 月 29 日第九届全国人民代表大会常务委员会第二十五次会议通过，2001 年 12 月 29 日中华人民共和国主席令第六十三号公布，自 2002 年 9 月 1 日起施行）[EB/OL]，（2001-12-30）[2022-01-28]，http://www.gov.cn/banshi/2005-08/21/content_25059.htm。

② 全国人大：《中华人民共和国人口与计划生育法》（2001 年 12 月 29 日第九届全国人民代表大会常务委员会第二十五次会议通过，根据 2015 年 12 月 27 日第十二届全国人民代表大会常务委员会第十八次会议《关于修改〈中华人民共和国人口与计划生育法〉的决定》修正）[EB/OL]，（2015-12-28）[2022-02-18]，http://www.npc.gov.cn/npc/c10134/201512/60dcfd3d1a394af6b38e20a4cf165b82.shtml。

③ 参见任远：《定位和定向：我国生育政策未来》，《探索与争鸣》2017 年第 7 期，第 77—80 页。

经济和社会发展第十四个五年计划和2035年远景目标的意见，报告中提出优化生育政策，增强生育政策包容性，促进人口长期均衡发展。全国人大常委会在2021年再次修订《人口与计划生育法》，在对生育进行调节的部分，将2015年法律条文的第十八条“国家提倡一对夫妻生育两个子女”，修改为“国家提倡适龄婚育、优生优育。一对夫妻可以生育三个子女”。从生育数量的维度来看，生育政策的调整方向是继续放松对生育数量的行政制约，取消了社会抚养费，及实施“可以三孩”的生育调节。[①]2021年开始实施“可以三孩”的生育政策及配套政策，这可以作为落实“包容性生育政策”阶段的开始。

（4）对于生育来说，除了生育的数量、性别和时间，实际上还存在第四个维度，即“生育的质量”。从“晚、稀、少”以来，我国生育政策往往是将“晚婚晚育、优生优育”放在一起表述。2001年的《人口和计划生育法》中确立计划生育国策的目的是“控制人口数量，提高人口素质”，提出通过计划生育技术服务来减少出生缺陷，提高出生婴儿健康水平，提高公民的生殖健康水平。[②]通过优生优育提高出生人口素质，构成我国生育政策长期强调的内容。

我国生育政策的实施方式也在不断发展。从70年代末期以

---

① 于学军:《关于〈中华人民共和国人口与计划生育法修正草案〉的说明》（EB/OL）.（2021-08-20）[2022-01-29]，http://www.npc.gov.cn/npc/c30834/202108/d1c67e781d9f42fdbb678e42bdcbbe9e.shtml。

② 全国人大:《中华人民共和国人口与计划生育法》(2001年12月29日第九届全国人民代表大会常务委员会第二十五次会议通过，2001年12月29日中华人民共和国主席令第六十三号公布，自2002年9月1日起施行)[EB/OL]，(2001-12-30)[2022-01-28]，http://www.gov.cn/banshi/2005-08/21/content_25059.htm。

来，生育政策的实施比较强调行政管控，到了90年代开始加强了基于市场的利益导向机制，在2000年后加强了法制手段的应用，已经形成了综合的政策手段和政策工具。

通过对我国生育政策变化历史的简略回顾，可以说明从新中国成立以来，我国生育政策表现出不断变革和动态调整的过程。我国的生育政策包括数量、时间、性别和质量四个维度，并主要以生育数量调节为核心。实际上，关于生育时间的政策是服务于生育数量调控的目的，晚婚晚育和生育间隔本身是生育数量政策的工具；计划生育技术服务的目的，也更多是通过避孕节育、人工流产来降低生育率。我国生育政策基本可以分为降低生育率、稳定低生育率、“全面二孩”，及包容性生育政策四个阶段，恰恰说明了生育政策的不断探索和转变。从50年代后期以来，我国的生育政策具有明显的对人口生育进行干预和调节的特点。

二、服务和支持人们的生育

最近十年来，国家逐步施行了“单独二孩”“全面二孩”“可以三孩”等一系列政策调整。生育政策改革的步伐非常之快，和2000年以来生育政策改革的相对较缓构成了有趣的对应。我国生育政策改革正小步快走，政策措施层出不穷，有令人目不暇接的感觉。除了政策上已经放开了生育三孩，在2021年的《人口和计划生育法》修订中也表现出生育政策内容的变化，增加了“完善积极生育支持措施”的内容，包括减轻生育、养育、教育负担，加强孕前、孕产期保健服务，加强对家庭婴幼儿照护的支持和指导，推动建立普惠托育服务体系，以及探索设立育儿假、配置母婴设施、实行税收支持等政策。[①] 在此背景下，不同地区实施了丰富的生育配套政策，例如不少地区实行了延长生育假的政策安排。为了促进生育，东北地区甚至还制定了生育三孩的低息贷款，一些地区实施了对于三孩家庭的住房优惠，攀枝花地区实施对多孩生育的生育津贴，以及安徽对再婚人口进行了三孩政策的进一步放松，等等。

生育政策改革措施密集，但是究竟为何要进行生育政策的改革，似乎论证得还并不透彻。我国自 50 年代后期以来，特别是 70 年代以来的生育政策改革，基本上是在生育率转变的背景下得到开展。希望通过降低生育率来促进人口转变和巩固完成人口转变，构成人口政策的基本想法。那么，当前我国人口发展已经进入后人口转变时期，生育政策为什么要改革，以及往什么方向改革，值得开展一些理论上的剖析和去伪存真的讨论。

（一）调节性生育政策的失灵

从 50 年代后期以来，生育政策的一个重要目的是对生育进行调节，从而实现“要有计划的生育”的调控。[②] 国家人口政策的目的是调控人口数量，提高人口素质，推动实现适度生育水

① 于学军：《关于〈中华人民共和国人口与计划生育法修正草案〉的说明》(EB/OL).(2021-08-20)[2022-01-29]，http://www.npc.gov.cn/npc/c30834/202108/d1c67e781d9f42fdbb678e42bdcbbe9e.shtml。

② “要有计划的生育”的看法，是毛泽东在 1957 年 2 月 27 日—3 月 1 日最高国务会议第十一次（扩大）会议上提出的。参见梁中堂：《中国计划生育政策史论》，中国发展出版社 2014 年版，第 40 页。

平，优化人口结构，促进人口长期均衡发展。生育政策是国家人口规划的工具，其核心是生育数量的政策，其重要目的是对生育进行调节。

但是客观来看，当前生育政策对生育数量的调节作用是日益弱化的。对于我国生育率的下降，在70—80年代生育政策表现出很大作用，到了90年代以后，生育政策和社会经济发展的作用是一半对一半。① 到了21世纪以后我国生育率的下降主要是社会经济发展的作用，生育政策的作用已经表现得非常薄弱。当前我国人口的实际生育水平低于意愿生育水平，而意愿生育水平也已经低于政策生育率，因此从这个意义上看，无论是“可以三孩”，还是全面放开生育数量的管控，生育水平并不会发生很大反弹。调节性的生育政策对生育数量和人口总量的调控作用在日益“失灵”。

调节性的生育政策也被普遍认为有助于调整人口年龄结构，特别是在我国快速人口老龄化的背景下，生育政策被认为是应对“老龄化危机”的必要举措。② 但客观来看，我国老龄化趋势基本上是不可避免的，一些研究也证明希望通过生育来解决年龄结构调整，其效果客观上是非常微弱的。③ 如原新认为，即使推行“全面二孩”政策后人们能够普遍按照“全面二孩”生育，也只能使我国的老龄化程度在2030年减少3个百分点左右。况且我国的生育率还达不到“全面二孩”的政策性2.0的总和生

① 陈卫:《改革开放30年与中国的人口转变》,《人口研究》, 2008（6）。

② 对此梁建章、黄文政、易富贤等在网络媒体中有相当多的反复陈述，具有较大的社会影响。本文中不一一列举。

③ 王金营:《全面二孩下21世纪中国人口仍难回转年轻》,《探索与争鸣》2015（12）: 21—23。

育率。

真实的情况是，调节性的生育政策不仅无助于缓解老龄化，生育政策调整还将进一步加剧人口年龄结构的压力。例如，假设生育政策调整能够带来一些补偿性的生育，其结果也是造成少年儿童人口比重的提高，会在15年内进一步加剧劳动适龄人口比重的降低及提高整个社会的抚养压力。因此通过调节性的生育政策来优化人口结构是难以实现的。

通过生育政策来调整一个城市、一个地区的人口总量和人口年龄结构，就更加没有道理了。例如，特大城市的人口快速老龄化已经引起普遍关注，而上海从六普到七普期间更快的少子老龄化过程，与其说是生育水平下降的结果，不如说是迁移政策收紧的结果。如果放松人口迁移流动，上海的老龄化程度将会低于全国的平均水平，上海的少年儿童人口比重也应该比全国平均水平更高而非更低。[①]鉴于人口自然增长远小于跨地区人口流动，希望通过生育政策来调整人口总量和结构的效果是非常微弱的。近期也有全国人大代表提出，“建议国家率先在东北地区全面放开人口生育限制”[②]，其建议的原因是认为需要通过生育政策来“解决东北地区人口减少问题”，应该说其提出的“药方”和试图解决的“问题”几乎没有关系，希望通过生育调节来应对东北人口总量下降是不可行的。

另一种普遍的实施调节性生育政策的逻辑，是实现适度生育

---

① 任远：《破解特大城市少子老龄化难题的最好办法》，澎湃新闻网2021-06-11，[2022-02-12]，https://www.thepaper.cn/newsDetail_forward_13079502。

② 澎湃新闻网：《东北地区率先全面放开生育限制获多领域学者支持》[EB/OL]，(2021-02-19)[2022-02-12]，https://www.thepaper.cn/newsDetail_forward_11385868。

水平，以及实现人口长期均衡的目标。但是究竟怎样的生育水平是适度的生育水平，也并没有形成一个有共识的说法。至于人口均衡发展，也更应该将其作为人口发展的原则，而不是作为人口发展的目标。适度生育水平和人口长期均衡，似乎是一种乌托邦主义的看法，其概念相当含糊和不确定，很难有足够的理由构成生育调节的目标和生育政策的具体指引。

（二）“鼓励生育”的生育调节

相对于70年代以来生育政策调整的目的是降低生育率和控制人口，其相关的政策话语是“提倡一孩”，到2015年底，生育政策的“全面二孩”和“提倡一对夫妇生育两个子女”，就在一定程度上表现出“鼓励生育”的政策转向。这种转换了方向的生育调节，在社会中进一步发酵，“鼓励生育”的话语充斥在社会媒体中。包括以梁建章为代表的“鼓励生育”的观点，刘志彪等建议建立生育基金提高生育率①，以及任泽平提出“央行多印2万亿，用10年社会多生5000万孩子”②等等，都引起广泛的社会讨论。

实际上，无论是从中长期宏观的人口-经济关系来看，还是从微观家庭的生育决策来看，在当前时期“鼓励生育”的生育调节都是不充分和不必要的。

由于长期低生育率的人口惯性，21世纪我国会出现长期性的

---

① 刘志彪、张晔：《提高生育率：新时代中国人口发展的新任务》，《新华日报》2018-08-14。

② 澎湃新闻网：《梁建章与任泽平自掏资金建智库“育娲”：进行系统性人口研究》[EB/OL]，(2022-01-11)[2022-02-13]，https://www.thepaper.cn/newsDetail_forward_16243030。

人口负增长，“人口红利”在逐步减弱。但是低生育率的人口变动对经济发展的阻碍作用，并没有得到充分的证明。对于中国经济增长而言，不必过度夸大人口因素对经济增长的不利影响。我国仍然具有庞大的人口总量，具有 9—10 亿的劳动年龄人口，未来还有 3—4 亿老年人口和庞大的老年人力资源，而且我国人口的健康水平在提高，人口城镇化还在继续发展，可以利用的有效劳动力供给是充分的。技术进步在快速发展，技术对于劳动力存在替代效应，人口的受教育程度仍在提高。因此，即使在低生育率和人口负增长的基本背景下，人口变动对经济发展仍然有丰富的积极作用，需要在经济发展决策中加以应用发挥。

虽然长期的低生育率是值得警惕的，但生育率是否构成了发展的问题，或者说是不是经济社会问题的原因是值得商榷的。低生育率不构成经济增长放缓的原因，反而恰恰在于，低生育率其实是经济增长放缓的结果。不少研究所讨论的低生育率对经济增长的不利影响是站不住脚的。对于经济增长而言，劳动力资源的配置比人口总量和结构更加重要。从人口和发展的中长期关系来看，当前并没有迫切的必要来通过增加生育来促进经济增长。

从微观家庭的生育决策角度看，“鼓励生育”的理由也未必是充分和可行的。生育是家庭自主的决定，是夫妇的理性选择，家庭生育选择在一定程度上构成了家庭福利最优的决策。“控制生育”也好，“鼓励生育”也好，如果偏离了人们生育的意愿，偏离了对人们生育行为产生影响的具体原因，可能反而会不利于家庭的福祉，会带来负面的反对。如同民众在具有较高的生育意愿的时候，“控制生育”会带来显著的干群矛盾；民众有较低的生育意愿下的“鼓励生育”，也会使政府的生育政策不能契合民众的生育需求。这可以从“全面二孩”“可以三孩”等政策调整后的公众反映中得到证明。例如有网友说：“我没买三辆劳斯莱斯，是因为它限购吗?”这也说明，鼓励生育的调节性政策，实际上并不能切实反映民众对生育的需求和民众生育过程中所面临的困难，“鼓励生育”的生育调节存在着政策目标的偏差。

（三）对生育的服务和支持

无论是控制生育，还是鼓励生育，无论是一孩、二孩、三孩，分阶段的人口控制目标和适度人口规模，以及实现适度生育水平，我国的生育政策具有较强的计划性和干预性。

推动国家生育政策的继续变革，有必要反思生育政策的理论逻辑。当人口转变已经完成，以及人口与发展严峻的不协调关系已经得到缓解，进入后人口转变时期的生育政策需要适应人口的长期低生育率，服务和支持人们的生育，满足人们对生育的具体需求。我国生育政策的继续变革应该从调节性的生育政策，转向更加重视对生育的服务和支持。而服务和支持人们生育的本质是，生育政策要满足人们的生育意愿和生育需求。

第一，生育政策要支持和帮助人们实现“未满足的怀孕”。全球家庭计划运动的重要逻辑基础是减少“未意愿的怀孕”，对中国50年代以后重视避孕节育也应该秉持类似的考虑。而当前，我国人口的生育水平已经下降到生育意愿之下。七普数据表明当前人口的实际生育水平很低，人口的总和生育率是1.3。而关于人口的生育意愿，多项研究表明当前的期望生育数量基本在

1.6—1.9之间①。这说明，当前我国事实上出现了未能满足、未能实现的生育意愿，即“未满足的怀孕”。而“未满足的怀孕”表明，家庭在生育决策过程中面临着诸多限制。这包括生理因素的限制，如不孕不育，特别是高龄女性的不孕不育及怀孕、生育的困难。另外，生殖、抚育和教育具有较高的经济成本，如住房和教育成本过高，明显限制了人们的生育意愿；市场竞争的增强及工作–家庭冲突降低了人们的生育行为；婴幼儿照护的压力会加剧家庭–工作的冲突并增加生活成本，这些都会降低妇女的生育意愿，并限制将生育意愿转化为生育行为。因此，生育政策需要服务和支持生育，发现民众不想生、不敢生，以及不能生的具体困难，重视解决人们生育意愿和生育行为的限制因素，使人们能够尽量实现其“未满足的怀孕”。

第二，服务和支持人们的生育，仍然需要努力避免“未意愿的怀孕”。即使在低生育率社会中，我国仍然还存在大量未意愿的怀孕。近年来，我国每年有950多万的人工流产，其中主要是未婚的青少年人口。这在一定程度上意味着存在“未意愿的怀孕”，意味着家庭计划的失败。这也要求，对生育的服务和支持需要继续重视避孕节育的教育和服务。对贫困人口、青少年如果缺乏必要的性和生殖健康、避孕节育的保护，缺乏相关的性知识和理性生育的教育，会加剧家庭贫困等不利后果，也不利于青少年的健康特别是女性的健康。这进一步说明，我们需要的生育政策不是去“鼓励生育”，而是要“服务和支持生育”。服务和支持生育的本质，是服务和满足人们对生育的意愿和需求。生育政策需要对希望生育的人口提供生育辅助和生育配套的生育服务和支

① 吴帆：《生育意愿研究：理论与实证》，《社会学研究》，2020（4）：218—246。

持，也需要对不希望生育的人口提供避孕节育的生育服务和支持，这才是有效的生育政策，也应该成为未来“新计划生育”的工作定位。①

第三，服务和支持人们的生育，需要满足人们多样化的生育需求。人们会根据自己的家庭条件和社会经济条件来决定生育决策。人们的生育意愿和生育行为是多样性的。一些人口群体希望“丁克”，甚至不愿意结婚，我们不能认为他们的生育观不对，认为他们应该要生小孩，事实上这些人有其各自的生活方式；有些人生育了三四个孩子，也不能认为其生育过度，因为他觉得自己的生育是自己所期望的。因此生育政策的定位，不是要规定和引导家庭应该生几个、可以生几个孩子，而是需要支持人们多样化的生育意愿。关于生育政策的中长期发展，党和国家提出“增强生育政策的包容性”，我认为其意思应该是，生育政策归根到底需要适应和满足人口群体多样化的生育需求，并对生育提供服务和支持。对希望生育的人口需要提供公共的服务和支持，对那些不希望生育的人口也要提供相应的公共服务和支持，对一些希望生育但是不能生育和不敢生育的群众也要提供所需要的公共服务和支持，这才是良好的家庭计划（计划生育），也才是良好的生育政策。

从50年代以来，我们比较强调生育政策的性质是对生育进行调控调节，这样的生育调节在70年代末期以来，利用行政性的机制得到强化。即使在现在的生育政策实践中，各种“全面二孩”“可以三孩”，包括“鼓励生育”的话语，都仍然充斥着对生

① 任远：《新计划生育：后人口转变时期计生制度的转型》，《探索与争鸣》，2018（4）：102—122。

育进行调节的惯性思维。但是，我们固然认为对于生育进行调节和干预的公共功能可能一直都会存在，但是生育政策从根本上看，不应是对生育进行调节的公共政策，而应是对生育进行服务和支持的公共政策。在人口转变完成以后，人口再生产方式进入了低生育水平。在目前的长期低生育率的人口格局中，并没有足够的理由认为其对国家发展带来显著不利的影响，因此当前时期的生育政策需要强化对生育服务和支持的作用，需要满足人们对生育的客观需求，帮助缓解家庭在生育决策中面临的各种压力和困难，使人们在生育中实现其生育意愿。生育政策的基本逻辑应该从对生育的调节，过渡到对生育的服务和支持。生育政策作为和人类生育相联系的公共政策，是对生育提供公共服务，从而保障母婴健康和出生人口的质量，并为国家未来发展培养出具有质量的劳动者，促进人口再生产和家庭生活的良好和谐。

生育政策需要从对生育的调节和对人口的调节，转变为对生育进行服务和支持。其意义在于，生育政策得以成为落实人们生育权利，并满足人们生育需求的政策工具。这种变化使我国的“计划生育”回归于“家庭计划”，或者说转变成为服务于家庭生育的“新计划生育”。

生育政策从对生育的调节转变为对生育的服务和支持，也能够使生育政策回归世界人口发展的主流。全球人口发展的主流文本是 1994 年在开罗召开的世界人口与发展大会（ICPD），人发大会上 179 个国家和地区的代表通过的《行动纲领》(PoA)，其核心正在于从人口目标转向人们的需求、愿望和生殖权利。① 国际

① 顾宝昌、茅卓彦、胡梦芸：《深刻的变革，未竟的事业：国际人口与发展大会 25 周年：中国报告》，中国人口与发展研究中心，联合国人口基金驻华代表处，2019。

人发大会的各项原则也与联合国千年目标、联合国《2030年可持续发展议程》相衔接，其内容就是，生育政策及人口发展的目的是为了使人们获得性与生殖健康的社会权利，并因此促进性别平等、妇女发展、及青少年的发展等社会目标。

生育政策从对生育的调节转向对生育的服务和支持，也是实现“以人民为中心的发展”的需要。服务和支持生育的家庭政策，是我们党以人民为中心发展观的表现。人口发展的目的是提高人民的福利和需求。在人口与发展出现显著不协调的时候，进行调节和干预，其根本目的是为了提高人民的幸福和福利；在当前人口干预调节的作用逐步减弱的情况下，对生育提供服务和支持是民众更加需要的公共政策，其促进实现人们的生育权利，满足人们的生育意愿，促进女性和家庭的发展。

生育政策从对生育的调节转向对生育的服务和支持，也是树立“以人为本”思想理念的要求。对于生育以及国家人口发展来说，人口不应是国家政策进行调控的对象，也不是发展的工具，人口构成了发展的目的。生育政策不应是用来调控人口生育的工具；相反，生育政策是落实为人们的生育提供服务的工具，需要通过对生育的支持和服务，实现人的发展，以及实现人口与发展的协调关系。

总之，在当前时期我国生育政策的继续变革，需要改变从50年代后期以来形成的以调节性为基本特点的生育政策，树立起对生育提供服务和支持的理念，满足人们的生育需求，促进人们生育意愿的实现，实现人的全面发展和充分发展，这是落实以人民为中心的发展观的呈现。

三、生育政策未来改革的主要内容

调节性的生育政策已经表现出一定程度的政策失灵，以生育数量为核心的政策管制对生育率的影响表现得非常微弱。政策生育水平已经明显高于意愿生育水平，而意愿生育水平高于实际生育水平。人们的生育更主要受到社会经济发展和市场力量的影响，那么，即使生育政策的数量约束继续松动或者放开，人口的低生育水平也很难发生反转。这也一定程度上解释了“全面二孩”政策的遇冷。“全面二孩”政策的实施结果一定程度上可以预示“可以三孩”政策的实施效果。放松生育数量管控的政策会使部分年龄较高的人口在短期内产生追赶效应，会使生育数量增加，但是政策实施时间越长，生育政策调整的效果会逐步减弱。而且，由于只有很少的人有三孩生育意愿，那么三孩政策的实施效果会明显低于全面二孩政策的实施效果。总人口中的一孩生育率都在下降，那么更谈不上二孩和三孩的生育率。所以希望通过放松生育政策的数量管制来提高生育水平，其效果将是有限的。调节性的生育政策之所以出现对生育率调节的政策失灵，是因为以数量为核心的生育政策并没有完全把握住人们生育需求的重点，没有把握住人们生育意愿低下的原因，没有把握住人们生育决策过程中的焦虑与担心。

当前影响生育水平的并不是生育政策对生育数量的限制，而是缺乏对家庭生育行为的服务和支持。希望通过以生育数量为中心的生育政策调整来提高生育水平是“头痛医头，脚痛医脚”的方法，并不会有太大效果。生育政策的调整和优化，需要超越“头痛医头，脚痛医脚”，应该分析在低生育率时期影响生育率的主要因素，针对影响人们生育意愿难以实现的具体困难，提供良好的生育服务和支持的配套政策，降低生育抚育和子女教育的成本，才是现阶段生育政策调整和完善的方向。从这个角度看，当前时期生育政策的调整完善应该从以下几个方面实施相应的举措：

（一）实施“全面放开、自主生育”的生育政策

我国实施有计划地控制生育的想法是在20世纪50年代后期开始提出的，然后在70年代后期以来得到加强。这在50—60年代，是受到计划经济体制的影响，是人口与发展矛盾非常尖锐时的紧急处理办法。现在已经没有这样严峻的人口压力了，人口格局已经发生变化而且在继续变化，人口与发展的关系也已经发生了变化。以控制生育为目的、以生育数量为导向的生育政策也应该加以改变。当前，我国已经具备了全面放开生育数量管制的条件，让生育回归家庭生活的常态，由老百姓自己决定生育，国家提供服务和支持即可。因此，当前有必要也有条件加快实施“全面放开、自主生育”政策。

当前时期可以去除对生育数量的控制，因为生育率下降并非由生育数量管控所导致，而放开生育数量管控，也不会带来生育水平的较大反弹，至少不会出现社会不可承受的较大反弹。而且如果出现生育水平的一定反弹，也恰恰是符合2016年“全面二孩”政策以来所指向的鼓励多生一些的生育政策的政策逻辑。

“全面放开、自主生育”，是实施具有包容性的生育政策的

内在要求。有的家庭希望生育一个子女，有的家庭希望生育两个子女，有的家庭希望生育三个或更多的子女，有的家庭还并不希望生育子女，那么生育政策应该服务和支持这些人口群体不同的生育意愿和需求。对生育数量进行管控的政策对生育水平的影响已经表现得微乎其微，但是对一些希望生育更多孩子的家庭还构成了制约和限制。一方面我们担心生育率太低，另一方面我们对一些有生育需求的人口还进行生育的限制，这在逻辑上也是说不通的。

因此当前时期生育政策的继续变革，首先是要落实包容性的生育政策。当前已经有条件实施“全面放开、自主生育”，让生育回归于家庭的自主选择。生育政策需要从生育数量为导向的公共政策，转向对人们的生育提供支持和服务。

（二）完善生育配套政策，构筑生育友好的社会环境

加强对生育的服务和支持，一个重要的方面是需要关注影响人们从生育意愿转化为生育行为的因素，并通过各种生育配套政策来减少人们对生育的忧虑和担心，帮助实现其“未满足的怀孕”。例如有一些父母有生育的意愿，但是担心在劳动力市场的不利影响、托育托幼服务的提供、住房购买的压力、儿童教育的压力，等等，因此有必要通过普惠性的托育托幼服务体系的建设来解决婴幼儿照护压力；通过提供更多的社会住房计划来降低住房市场的价格，从而降低人们的生活成本；通过提高民众的收入，提高基于家庭的生育补贴和税收返还，从而提高家庭的实际获得感等。

从全球的经验来看，生育配套政策有丰富的政策工具。一些

生育政策是补贴经济的政策，例如生育补贴或家庭税收减免；还有一些是支持劳务的政策，比如实施丈夫的陪产假，加强社会托育托幼机构来减少女性的工作-家庭冲突；另外还有针对时间安排的政策，例如延长产假、哺乳假和育儿假等。对这些政策，需要结合具体实际，了解民众的需求，了解和实施群众需求最迫切、实施效果最显著的生育支持和服务政策。

生育配套政策可以说是我国近年来在生育政策领域发展最快、内容最丰富的政策实践，不少地区增加了产假、育儿假、生育津贴等政策措施。福利政策本身具有扩散性，当某一个地区实施了某项福利政策以后，周边地区往往会在公众的压力之下，在公共财政中作出相应安排，实施类似的社会政策。

但是在实施这些生育配套政策时，也需要避免这些政策实施可能带来的负面影响。

1. 实现生育配套政策合理的成本分担

任何政策实施都有其成本和收益，成本的合理分配和政策实施的客观效果是制定公共政策需要考虑的问题。例如生育假的延长当然有积极作用，但是也会增加企业的成本。生育保险能够减少企业因为女性职工生育带来的部分工薪成本，但是女性生育和哺乳期带来的劳务中断，也构成企业发展的成本。企业对于各种生育相关的假期肯定是缺乏热情的。生育配套政策存在一个如何在国家财政、企业和家庭共同分担生育成本的相互协调。

2. 生育配套政策的实施需要协调生育和女性发展的关系

生育假、哺乳假、育儿假等生育配套政策，可能也会产生不利于女性发展的不利后果，弱化女性在就业市场中的竞争力。较长时期的劳务中断对女性长远发展是不利的，会扩大男女之间的各种不平等。因此，这些生育配套政策本来是保护家庭和女性的政策，在实施中却可能转而成为伤害女性发展的政策。生育配套政策的实施应该考虑妇女发展、性别平等、母婴健康和家庭发展等综合目标，需要将生育政策放在家庭政策的整体框架中来规划和运行。

3. 需要考虑生育配套政策的公平性和普惠性

政府应该考虑如何最合理地安排公共政策，使生育服务和支持更好地满足人们的具体需求，使政府的单位财政投入能够发挥更大的效果。政府也需要考虑公共财政对所有服务对象的普惠和公平，即不仅对体制内单位提供生育服务和支持，也需要探索对体制外和灵活就业的劳动者提供生育配套支持。不仅对本地户籍人口提供生育服务支持的公共服务，也需要扩展对居住地内的所有人口提供服务支持。关于生育配套支持，对一孩、二孩、三孩都应该支持，不能因为“全面二孩”和“可以三孩”政策而只对二孩、三孩提供配套支持，生育一孩和生育多孩都应该得到支持。对于经济补贴的生育政策来说，更符合国际惯例的做法是根据家庭成员数量提供税收抵扣或税收减免，可以根据家庭不同的生育子女数量，在税收减免上有一定的差别。例如没有孩子的家庭，可以不进行税收减免；有一个孩子的家庭，提供相应的税收减免；有两个、三个孩子的家庭提供更大额度的税收减免。这有利于维持家庭收入的平等性，以及对提高家庭发展能力提供支持。

作为生育配套政策的各种生育假、育儿假、配偶的陪产假等，主要的问题还不是“要不要有这些假期”，“有这些假期好不好”，而是要考虑如何实施这些政策，从而可以减小对企业和女性发展的损害。例如，相较于延长产假和增加育儿假，不如鼓励一些有条件的岗位实施弹性的就业制度，可以允许婴幼儿母亲可以在线工作，这样也能保证女性的劳动力市场参与，也有助于企业维持正常的业务运行，对企业的影响也会减小。有的时候，思考如何改善对生育的服务和支持，比一刀切地制定政策更加有效。

生育的各种配套政策有很多，哪些是有效的、哪些是无效的，哪些是家庭需要的、哪些是家庭并不迫切需要的，需要进行评估。对于各种生育休假政策来说，需要结合中国婴幼儿养育的具体实际情况，实施最迫切、最有效的政策。由于各种与生育关联的配套政策牵涉到不同主体的利益和需求，因此政策的制定需要多听取公众的意见，这会有利于出台将好事办好、多方共赢的政策。

在积极实施各项生育配套政策的同时，一个需要值得注意的问题是需要避免生育配套政策的扩大化。我们需要加强公共财政和公共政策来支持和服务生育，但是不需要将各种社会经济政策，包括托育托幼，乃至教育政策、住房政策都过度与生育挂钩。人类的生育和各种社会经济因素具有内在关联，但应该认识到不少政策本身并不是生育政策，并不具有生育服务的功能。教育政策有教育政策的目标，托育托幼政策有托育托幼政策的目标，住房政策有住房政策的目标。发展托育托幼的根本目的，是降低家庭负担、提高女性的发展，以及通过健康教育的投入培养未来的高质量的人力资源；降低房价是为了提高人民的居住满意度和承受力；教育政策的目的是增加教育人力资本投入，提高人口的综合素质和创新能力。这些公共政策并不能说都是为了生育，或者说是服务于生育。将生育政策泛化，似乎什么政策都是为了和生育配套，本身会造成社会政策的政策错位。

在此，我们需要在一定程度上区分生育政策和生育配套政策的范围，不能将任何政策都作为生育政策和生育的配套。这会混淆不同社会政策的相互分工和有机联系。生育，在中文的语境中是生殖和抚育，是新生婴儿的孕育和诞生。因此生育政策和生育配套政策，应该是对人类生育的公共管理和新生儿生殖抚育事务的公共政策。在具体讨论生育政策和生育配套政策的时候，需要明确生育的定义，及生育政策和生育配套政策的范围，这对于政府有效制定生育政策和开展公共管理是有必要的。在讨论生育政策的时候，还是需要聚焦新生婴儿的孕育、生殖和抚育，更主要是考虑怀孕和避孕、性和生殖健康、健康检查和健康干预、辅助生殖、围产期保健等，以及在生育新生儿以后围绕婴幼儿健康和抚育的婴幼儿照护、托育托幼和早教、家庭生育津贴、各类生育假期等服务和支持。而婚姻政策、教育政策、托幼政策、住房政策等固然影响人们的生育行为，但似乎并不应该作为生育配套的政策，更不能将其作为生育政策。避免对生育政策的讨论过度泛化，才有利于使生育政策和生育配套政策更好地实现服务和支持生育的目标。

与一些社会政策和家庭政策过度强调其对生育的影响而造成政策错位相比，有些与生育关联的社会政策却是缺位的。一些人口群体的生育意愿不能被满足，能反映出不少社会生活的“痛点”。例如单身妈妈，她们的生育和新生儿户籍登记、生活安排都遇到很多限制和困难，还面临一些社会舆论的排斥等情况。生育政策的优化也需要逐步实施一些对单身妈妈“去污名化”的举措，对单身妈妈和弱势群体提供更多的生育支持和政策包容。此外，流动人口在迁移过程中会降低其生育行为，这被认为是迁移流动对生育的“中断效应”，但是我们可以看到，人口流动对生育产生影响的原因也包括在迁移过程中出现较多的家庭分离。因为户籍制度和社会政策的排斥，流动人口举家迁移还面临阻碍，而且迁移者家庭成员在医疗保障、儿童托育托幼和公共服务等方面也存在不平等待遇，这些会限制流动人口的生育。如果我们能够对流动人口家庭化迁居提供更平等的社会政策，会使流动人口家庭生活得到保障，会有利于流动人口的生育。所以，从民众的生育意向和生育行为开展分析，可以发现不少阻碍人们生育的因素，并折射出社会生活中存在的具体问题。在此情况下，可以通过更好的社会政策改革，来支持和服务于人们的生育，并提高人民生活的福祉。

推动生育政策的调整和完善，需要加强各项生育配套政策。在此过程中，有助于将人类生育的公共管理和服务，逐步从生育本身转移到家庭政策和社会政策的公共平台，并促进生育政策和家庭政策的协调，利用丰富的家庭和社会政策工具来协调家庭发展的目标和对生育的服务支持。考虑到影响人类生育意愿和生育行为的丰富的社会经济因素，需要从加强生育服务和支持的目标出发完善公共政策体系，并构筑生育友好的社会环境。

（三）推动计划生育制度的发展转型

调整完善生育政策，需要对那些有生育意愿但是“不敢生”“不能生”的人口提供服务和支持，帮助人们实现“未满足的怀孕”，也仍然需要对那些没有生育意愿和没有生育打算的人口提供服务和支持，避免出现“未意愿的怀孕”。例如我国目前每年人工流产大约950万例，这在一定程度上说明避孕节育的公共服务还不能满足人们的需求。特别是随着当前计划生育体制机制的改革，以避孕节育为重点的传统计划生育可能会出现一定程度的弱化。青少年人口、贫困人口等群体的未意愿的怀孕，对于女性健康、女性发展和家庭生活，以及对儿童成长都有不利的影响。

这也再次说明，生育政策的定位不应该是鼓励生育，而应该是服务和支持生育。即使在当前的低生育率时期，也仍然需要更加普及的避孕节育和家庭计划服务。在完善生育政策的过程中，仍然需要加强避孕节育服务、重视性和生殖健康的知识传播、提供技术服务等，保障人们的生育选择和避孕选择。

我们固然应该逐步消除计划生育制度对生育数量的行政强制，但是在人口转变以后促进计划生育制度和政策变革时，不能“倒洗澡水也将澡盆里的婴儿一起丢掉”。计划生育的未来发展需要在世界人口与发展大会的精神下，基于人的生育权利授权女性发展，为家庭发展赋能，促进人口健康和可持续发展。新时期的计划生育制度面临发展转型，加强以家庭计划为核心的生育和家庭公共服务，需要为女性和男性的生殖健康和生育提供服务，不仅要为不希望生育的人们提供避孕节育的服务支持，也需要为希望生育的人们提供生育抚育的配套服务和助孕助育服务支持，这会使生育政策能更好地满足人的需求、促进人的发展。

这两个方面的重要性和必要性是在不断提高的。对于避孕节育的计划生育服务的重要性我们已经比较熟悉，对于后者，我们在现实生活中看到不少有生育打算，但是“不敢生”“不能生”的现象。例如我国有较高比例的男性和女性的不育和不孕；有不少年轻的男性和女性希望保存其生育力从而在更高年龄完成生育；还有不少年龄比较大的女性，她们实际上有生育需求，需要在医疗技术和辅助生殖上提供保障和技术支持。关于这些生育服务和生育支持的政策，政府也应该开展探索，实施相关的制度建设。计划生育制度的体制机制建设和公共服务发展，在当前时期不应该被削弱，应该不断丰富、加以完善。

（四）加强对生育的健康质量和婴幼儿照护抚育的投入

长期以来，我国的生育政策是以生育数量为导向的。对于生育时间的控制和调节、对于生育性别上提倡“生男生女都一样”，很大程度上也是以降低生育数量为目的。随着生育数量导向的生育政策的作用越来越弱化，对于生育质量的关注也需要加强。也就是说，在生育的数量、质量、性别三个维度之外，要更加重视加强生育质量这个维度上的生育政策建设。

加强生育质量这个维度的生育政策，本身和促进人口健康的目标密切相关。并且由于人口的健康具有全生命周期的影响，从怀孕开始到婴儿出生的生育质量和健康服务，关系到提高人口素质以及健康老龄化目标的实现。在我国长期低生育率的人口背景下，提高生育质量，提高胎儿和新生儿的生命质量显得更加重要。提高人口素质，首先要从提高生育质量开始。对人口健康的投资，也是重要的人力资本投资。

我国的生育政策中，一直强调优生优育。通过重视婚检、女性怀孕过程中的孕检、产检等来提供胎儿和婴幼儿的母婴健康服务，提高生育质量。例如，研究表明，给孕妇提供叶酸，可以减少婴儿的出生缺陷率。在围产期保健的妇幼保健框架中加强生育质量，应该成为生育政策中需要加强的公共服务。

新生儿和婴幼儿的照护抚育和健康维护也关系到生育的质量。婴幼儿发展早期的营养和发育对儿童的健康和认知具有影响，例如罗斯高的研究证明了婴幼儿和儿童的营养支持具有长期的收益。加强婴幼儿的照护和健康服务，不仅是生育的配套服务，也是重要的人力资本投资，而且是投资效益极高的人力资本投资。生育政策应该加强对生育的健康质量和婴幼儿认知的投入，从而积累和加强人力资本红利，并发挥在整个生命历程中的持续影响。生育质量并不是当前生育政策的核心内容，但是其意义日益重要。在低生育率时代的背景下，需要加强提高人口素质的生育服务和政策实践。

（五）推动人口和计划生育立法的调整

在依法治国的原则下，生育政策的调整基于我们党对民众意愿的汇集和体现，并通过公共的立法实现公共政策的制定和实施，从而使生育政策能够更好地反映人民的意愿。

现有的人口和计划生育立法，虽然在2013年、2015年、2021年进行了多次修订，但总体上是延续着2001年《人口和计划生育法》的基本原则。而2001年的《人口和计划生育法》总体上是以人口转变过程中控制生育和实现低生育率为目的。每次的立法修订都有条文上的相应变化，例如2015年的《人口和计划生育法》修订实现了从“提倡一孩”到“提倡二孩”的改变；2021年的立法修订内容丰富，加强了“积极生育支持”的生育配套政策内容。但是人口和计划生育立法修订很大程度上是适应生育政策执行调整的法律条文上的微调，具有很强的调节生育的内核，是在调节性的生育政策框架下进行生育的法治管理。

因此值得呼吁的是，需要在生育政策思路改变的基础上，包括在人口管理和人口政策思路改变和整体框架加以完善的基础上，开展人口和计划生育立法改革，构建在后人口转变时期的人口和生育事务立法。这需要对计划生育制度具有更新的理解，提炼和定位我国新时期的计划生育制度，促进生育政策从调节性的生育政策转向服务和支持生育；从行政管控的计划生育立法转变为公共服务的计划生育生育立法。推动人口和计划生育立法的调整，是我国计划生育制度转型发展的需求，也是新时期人口政策和人口事务公共管理法制化发展的需要。

总之，当前时期我国生育政策的继续变革和调整完善，需要服务和支持人们的生育需求，实现人们生育意愿的满足。通过良好的生育政策改革和配套政策，能够加强对生育的服务和支持，构造生育友好的社会环境。生育政策应作为我国社会政策体系和人口政策体系的重要组成部分发挥作用，并且支持人口和可持续发展目标的实现。

图书在版编目(CIP)数据

生育政策转变：从“降低生育率”到“生育服务支持”/任远著. 一上海：上海人民出版社，2024
ISBN 978-7-208-18850-1

Ⅰ.①生… Ⅱ.①任… Ⅲ.①人口政策-研究-中国
Ⅳ.①C924.21

中国国家版本馆 CIP 数据核字(2024)第 071541 号

责任编辑 于力平
封面设计 路 静

生育政策转变
——从“降低生育率”到“生育服务支持”
任 远 著

出 版 上海人民出版社
(201101 上海市闵行区号景路 159 弄 C 座)
发 行 上海人民出版社发行中心
印 刷 上海商务联西印刷有限公司
开 本 635×965 1/16
印 张 13.5
插 页 4
字 数 148,000
版 次 2024 年 5 月第 1 版
印 次 2024 年 5 月第 1 次印刷
ISBN 978-7-208-18850-1/C·713
定 价 68.00 元